隠れ祓い師
有馬一の怪奇譚

正木信太郎

イカロス出版

目次

序章　8

祓い師　有馬一　10

邂逅　37

真似する少年と祓いの行き先　61

新築の怪 92
痣の顚末 115
無医村のまじない師 135
隙間の先は異界 172

本書に掲載しているお話は二〇二一〜二〇二三年に蒐集したものです。
人物のお名前および施設名は一部を除いて仮名となっております。

はじめに

最近、怪談本は企画本がブームだそう。

ちょっと前は、オムニバス形式の怪談本が、たくさん出版されていた。

今もしっかりと発売はされているが、そのなかでもテーマを設けた怪談本が目立つようになってきている。

たとえば、ご当地怪談。

これは、「東京都の怪談」など、ひとつの地域に絞った怪談本だ。最初は都道府県別にまとめられていたが、今はもっと細かくなっていて「港区の怪談」など、市区町村別になってきている。

東京は人口が密集している。だが、東京出身者は比較的少ない。東京の書店で、あなたの出身地がタイトルに入った本をあなたが見かけたら、どうだろう。

おそらく、苦手なジャンル、興味のないジャンルの本でも一度は手に取ってしまうのではないかと思う。人の興味をいかに引くか、という点において成功している。

これとは別に、鉄道の怪談、ホテルの怪談など、ひとつのテーマに絞った怪談本も人気だ。

飛び込み自殺がある鉄道、突然死や自殺があるホテル、たしかに幽霊が出てもおかしくはない。

また、人々の興味を引きやすいのは、事故物件だ。

瑕疵物件にまつわる怖い話というのも、誰しも部屋を借りるときには気にすることだ。

インターネット上に事故物件を検索できるサイトが存在するのも、関心が高いからだと推測できる。

さらに、職業別、医者・看護師の怪談、葬儀屋の怪談と続く。

不思議なもので、日本人は他人の職業に興味を持つ。正確には知らない、体験したことのない職業に興味を持つものだ。

そこに、いかにも心霊体験をしてそうな職業をテーマに据えると、怪談本として成り立つ。

さて、前作、『神職怪談』は神社にまつわる怪談をテーマにした本だが、今作はさらに一歩踏み込んで、「お祓いをする人」、それも個人に焦点を当てた怪談本となっている。

祓い屋。祓い師。

耳慣れない言葉だ。

それは、神社ではとても祓えない霊を対象にお祓いをする者のこと。神社の祈祷以外にも様々な方法を用いて怨霊と対峙する者のこと。心霊現象の解決を専門とする者のこと。

そんな稀有な職業に就いたひとりの男性、有馬一氏に集中取材をさせてもらったのだ。

今までの人生のなかで、神社に行ってお祓いをしてもらうことはあっても、神社に所属していない祓い屋に仕事を依頼することなどなかった。

初めて祓い屋と聞いたとき、怪談を長く扱っているのにもかかわらず、恥ずかしながら、「そんな職業の人、実在するのか？」と疑ってかかってしまった。

しかし、実際に有馬氏にお会いしてみると、これがなかなか不思議な人物で、なんというか人を惹きつける変わった魅力の持ち主であった。

取材の申し入れに最初は難色を示した彼ではあったが、何度もコンタクトを取るうちに、どうにか同行を許可してもらい、さらには過去の経験談を聞くことができた。

どれも原稿にするには、本当に貴重なもので、怪談作家をやっていてよかったと感動を覚えたほどである。

お祓いの取材では、「これは何をするものですか？」「あれは何という名前ですか？」「それはどういう意味があるのですか？」と質問を連発しては怒られたものだ。

とにかく、わからないことだらけなのだ。

怪談に長く携わり、とくに神社関係は『神職怪談』を出すくらいには知識があると自認していたのだがまったく話にならなかった。

そもそも、急を要するような祈祷のときに、悠長に説明をしている暇はない。

よく取材が成り立ったな、と胸を撫で下ろす思いだ。

『神職怪談』の「はじめに」でこんなことを書いた。

『神社にお祓いを依頼してくる者、宮司に相談をする者。それが本当に学業成就や商売繁盛のような願いだけだろうか。何かに追い詰められた挙げ句の来社、置かれている状況に切羽詰まっての訪問、真剣に相談しないと不味いことになると自覚している人たちが最後に行き着く場が神社なのだ』

いやいや……もっと深刻な状況に置かれ、どうにもならなくなった結果、神社もお手上げ状態で、さらに頼れる先があったのだ。知識不足とは恐ろしいことだ。

そんな誰も知らないような祓い屋の世界。

あるときは正攻法で、またあるときは邪道な奇策で悪霊と対峙する祓い屋・有馬一の密着取材。

楽しんでいただければ光栄だ。

正木信太郎

序章

　二〇二一年。私は困っていた。翌年に出版される予定の『神職怪談』。読んで字のごとく、神職に携わる者、あるいは神社で起きた怪異を集めた怪談をテーマにした本だ。

　この話の蒐集が思うように進まず、ただ時間を無駄にするだけ。締め切り日が迫るのを、指をくわえて待つだけの人になってしまっていた。

　当然といえば当然。

　神職に就く者たちは、だいたいが大学でその資格を取得する。例外もあるだろう。

　三重県の皇學館大学、東京都の國學院大學。

　この二校のみ四年間、所定の課程を修了することで『正階』の資格が卒業と同時に授与される。

　つまり神職、大きくいってしまえば、神社の世界というのは先輩後輩同級生がうようよいるのだ。

「実はうちの神社、こんな気味悪いことが昔あったらしいんですよ」

　場所はわからないように書くからといわれても、それが本になって世に出版されようものなら、どんな些細な手掛かりで特定されるか。

　神域たる神社に怪奇現象などあってはならない。噂が広まれば参拝客が減るかもしれない。変な動画を撮りたいといつも巷を騒がせている配信者たちが押し寄せるかもしれない。業界として迷惑なのだ。

　それでは、その問題を起こすきっかけとなった者は誰か？

犯人捜しが始まり、縦のつながり横のつながりでたちまちのうちに個人が特定されてしまう。

後ろ指を指されれば、今の神社を辞めたとしても、次の就職先は一切保証されない。苦労して取った資格が無に帰すのだ。

「あいつは神社の悪い噂を流す奴だ」

そんなことが起きては生きていけないのだ。だから、神社関係者は誰だって口が堅くなる。

正直、頭の痛い問題だった。

「そんなに困っているのなら、ひとり、紹介しましょうか?」

ある男に蒐集が思うように進まない愚痴を電話で聞いてもらっていた。その男は電話の向こうでニヤニヤとしているのが手に取るようにわかる話し方をする。

裏部という悪友だ。

奴とは、私が怪談蒐集を始めた頃に知り合った。

同じように怪談の蒐集をしているが、どこに伝手があるのか、どんな方法で話を仕入れてきたのか、一切をつまびらかにしない不思議な男だ。

その裏部が、神社にまつわる怪異譚を教えてくれる人物と引き合わせてくれるというのだ。

願ってもないこと。

裏部の胡散臭さはさておき、彼の持つ怪談は独特な世界観があり、非常に興味深く、怖い。

当然、即答で頼み込んだ。

「ちょっとクセがある人なんですけど、怪談というよりも面白い話が聞けることは受け合いますよ」

少し怪訝には感じたが、藁にもすがる思いとはまさに今。

電話で話を聞くよりも、会って詳しくその人物のことを教えてもらうべきだろうと、池袋の飲み屋で裏部と会う約束をした。

このときの裏部との電話が私が有馬一の存在を知り、その後の奇妙な交流のきっかけとなった。

これより祓い屋怪奇譚の幕開けである。

祓い師　有馬一

「その人さぁ、ホント大丈夫なん?」

池袋駅西口を出て、徒歩数分の場所にある大衆居酒屋の片隅。

ふたり掛けテーブルには、汗をかく淡い金色のジョッキと深い褐色のグラス。隣には白い皿に盛られた枝豆とフライドポテト。

どれもあまり手がつけられていないのは、会話に夢中になっている証拠。

すでにアルコールのせいで声が大きくなっている客の喧騒につられて、自分もいつもより少しだけ声が大きくなる。

半信半疑、右の眉を少し跳ね上げた疑いの顔で、対面の男に問いかけた。


「保証しますよ。俺も最初は疑ってかかってたんですけど、その人と出会ったその日に、こりゃホンモノかなって体験をしたんです」

彼は烏龍茶を一口飲んで、大袈裟に何度も頷いてみせる。

この男が裏部。

私が怪談を蒐集し始めた頃からの悪友で、時折、耳慣れない怪談を紹介してくる。

まだ二十代の若者だ。

ノーブランドの黒いパーカー。ダメージジーンズ。やはりノーブランドの青いスニーカー。

いったい、どんな仕事をしているんだか。

こうして会うときは、いつも手ぶらでやって来るのだが、本人曰く、長財布とスマホだけで十分だという。

そんなもんかねぇ、と疑問を口にすると、正木さんと違って俺は若いですからね、と鼻で笑った。

普通なら腹を立てる場面だが、親子ほど年齢が離れているせいか、なるほど、と返すだけで気に留めもしなかった。

逆だ。

裏部とは妙に馬が合って、出会ってすぐに定期的に連絡を取り合うような仲になった。

もちろん、怪談の話題がほとんどなのだが、転職の方法や首都圏の安い物件事情など、生活の相談も話題に上った。

過去にはこんな発言があった。

「髪の毛が伸びる市松人形がネットオークションに出ているんですけど予算がなくて、代わりに買ってくれませんか?」

「ずっと前から狙ってた呪物（持っているだけで良くないことが持ち主に降りかかるといわれている物体）が手に入ったんですけど、置き場所がないので預かってくれません?」

ぶっ飛んでるな、と苦笑することもある。

「ある祠を壊して撤去した村が洪水で地図から姿を消したことがあるんです。見てください、これは当時の古地図をコピーしたものなんですけど、この川を境にして、歴史的に長い間続いている差別があるんです。それが……」

と、民俗学的な話題を出してくるときもある。

結論として、怪異であれば何でも情熱を傾けられる変人なのだ。

「で、その人? キミがいうのだから間違いはないと思うけどさ」

「でしょう? 絶対、気に入ってくれる自信がありますよ」

これまた大袈裟にこちらを指さし、身を乗り出す。

「だったらさぁ、そのホンモノだって話をまず聞かせてよ」

テーブルの上に置かれた空の灰皿を店員に下げるようお願いをしながら、裏部に、自分が見聞きしたその人物にまつわる体験談を話して聞かせるように促した。

＊　＊

そのときから六年前。

裏部が怪談を蒐集し始めてからちょうど一年が経ったときのことだ。

彼は、家族や親戚たちに怖い体験はないか、あるいは誰かから珍しい怪談を聞いたことはないかと、毎日、暇な時間を見つけては電話をかけていた。

だが、すぐに連絡が取れる相手がいなくなる。血縁者だけでは人数なんてたかが知れているからだ。

ならば、ということで、古い携帯電話を充電して、引きずり出した電話帳から疎遠になっている昔の同級生たちに片っ端から連絡を入れていった。

ある人はねずみ講ではないかと警戒し、またある人は裏部を完全に忘れていて話にもならなかった。

とはいえ、誰しも一度くらいは、不思議な体験や説明のつかない場面に遭遇しているもので、すぐにたくさんの経験談が集まった。

それでも、まだまだ少ない。もっといえば、自分で怪奇現象を体験していないのが悔やまれた。

あるにはあるが、人に語り聞かせて驚かせる、怖がらせるような経験はない。

さて、どうしたものかと、自室のベッドに身体を放り投げ頭を後ろ手にした。

「ごはんよー！」

一階から母の呼ぶ声がした。上半身を起こし、時計を見ると十九時を回っている。

「もうこんな時間か。馬鹿らしい。ネットで事故物件でも調べていたほうがよかったかも」

乗ったばかりのベッドを後にして、部屋のドアを開けると同時に消灯する。

短い廊下を数歩進むと、今晩の献立がおでんだと気がついた。

秋口にしてはずいぶんと気の早いことだ。

リビングに入ると、五〇インチのテレビが出迎える。兄は家を出て自立したし、妹は仕事が忙しいとかで午前様。いつも思うが、家族が全員顔を突き合わせることなど滅多にないのだから、ここまでの大きさは必要なかったのではと疑問に感じる。

その横には、兄が学生時代に獲った優勝トロフィーや、妹がやはり学生の頃に表彰されたときの大きく引き伸ばした写真が並んでいる。

ただ、兄が何で成績を残したのか知らないし、妹が何で皆から褒められたかなど興味の欠片もない。

自分の理解によれば、両親にとって誇らしげに話すことのできる兄妹であることは確かだ。

対して、あれこれと職に就き、できることは増えたものの、ふたりにくらべると、決め手に欠けるフリーターの自分は、あまり好ましく受け止められてはいないだろう。


おそらく、父にも母にも『兄弟妹』などという言葉が心に刻まれていることなどない。

リビングに足を踏み入れる度、その思いが脳裏をよぎるのだ。

早く家を出たいが、先立つものがない。

(呪物を買い過ぎたな……)

趣味に没頭し過ぎた自業自得。

毎晩、食卓につくまでに繰り返し後悔するのが日課のようになってしまっていた。

(これに眼球のひとつでも浮いていれば、こんな気分など吹き飛ぶのにな)

着席する直前、テーブルの中央に乗せられたおでんのタネが浮かぶ大皿を見て、ぼんやりと裏部はその光景を想像して薄暗い笑みを滲ませた。

「そういえばね、万井さんの奥さんから聞いたんだけど、お子さん、大変みたいよ?」

「……へぇ」

万井さんは母の井戸端会議の仲間だ。

どうせ、万井さんの息子と、自分がくらべられるんだろうと、うんざりした気のない返事を返すだけに留めた。

「それがね、あそこの息子さん、市役所にお勤めでしょう? なんか苦情が殺到しててノイローゼ寸前なんですって」

「あぁ……」

そりゃまた大変なことで、と心の中でつぶやきながら、煮込まれた大根にからしをちょんちょんと箸で添える。

「その苦情っていうのがね、中央公園のトイレに『出る』って話なのよう! 市としては幽霊なんて公に認めるわけにはいかないから、万井さんの息子さん、上司と住民の板挟みになっちゃ……」

「万井さんだったね! 息子さん、なんて名前だったっけ?」

裏部は母の言葉を遮った。

突然として目の色が変わった息子に気圧され、母は目を丸くする。

「え? ええと……」

「息子さん、何課? 自分の息子がどこで働いているか知らないなんて有り得ないよね? 市役所で何やってるかだけでもいいから!」

「どの課だったかしらねえ……ちょっと待って、今思い出すから」

母は思い出そうとしているが、どうにも期待できない。

「電話」

「え?」

「今すぐ、万井さんの奥さんに電話かけて聞いてよ」

戸惑う母に、無理やり電話をかけさせると、食事をそのままに、知りたいことだけ聞き出して部屋へと戻っていった。

明日は体調不良で休むと職場にメールで伝えると、彼は勉強机に向かい、質問攻めの準備としてノート作成に取り掛かったのだった。

明日の計画が決まった。

昔日の煌めきが垣間見える庁舎に足を踏み入れた。

公共の建物というのは、いつもこうだ。劣化に対して、あまりにも鈍感でなかなか改装に至らない。

その築かれた時期については興味がわかぬものの、床に敷かれたカーペットには何かがこぼれた跡の染みが残り、疲れ切った様子のソファが年月を物語っていた。少なくとも、この建物は自分よりも年季が入っていることは確かである。

そもそも、一階正面の出入り口の半分しか自動ドアでないことから、その時代背景を察することも難しくはないだろう。

目に入るのは暇そうにしている案内係を務める腕章を身に着けた女性であった。

彼女に目的の課を告げると、素早く反応し、庁舎の地図を取り出し裏部に向けて提示した。

その地図には現在地と目的地が示されており、女性は蛍光ペンで丁寧に経路をなぞりながら、道案内をしてくれた。

裏部は一言女性に礼をいうと、足早に蛍光ペンの道順に従っていった。

『生活環境課』

天井から吊るされた看板には黒字でそう書かれていた。

着いた先では、無言の事務員たちが忙しく働いている。執務机に向かい、キーボードを叩き、書類をめくる音が響く。緊張感漂う空間で、彼らは一心不乱に業務に取り組んでいた。市役所の役割と責任を背負い、効率的な組織が息づいている。

裏部は、まだ夏服半分秋服半分の所員たちをカウンター越しに眺めると、そこに両手をついて大声で訪ねた。

「すみません！　ここに万井和人さんという方はいらっしゃいますか？」

一斉に視線が集まった。

驚いた顔でこちらを見る者、怪訝な表情で値踏みをする目。

次の瞬間にはカウンター内のある男に視線が一気に移動するのを裏部は見逃さなかった。

白いワイシャツに無地のアームバンド、濃紺のベストを着ている者が嫌そうな顔をしている。

おそらく、あの男が万井なのだろう。

「万井さん……ですよね？　ちょっとお伺いしたいことがあってお邪魔したんですけど、今ってお時間よろしいですか？」

一番近くに座る職員が席を立ち、ご用件は、と問う前に、裏部は笑顔で万井に手招きをする。

他の人と会話する時間など、無駄だと思われた。

「実は例の中央公園の話を詳しく聞かせてもらいたくて」

他の職員にも聞こえるような声で切り出すと、カウンターから出てきた万井は、慌てて裏部の腕を掴むと小声で耳打ちした。

「困りますよ、こんなところで。あなた、裏部さんトコの息子さんでしょ？　と、とにかくここじゃマズいので、こっちに来てください」

通されたのは、四畳ほどの個室だった。

最初、いったい何のための部屋かと身構えたが、万井から納税の相談に来た住民を通す部屋だと聞かされた。

金払いができない話を他人に聞かれたくない人が多く訪れるそうで、元々は物置として使われていた場所を変更して使っているのだとか。

急ごしらえで用意されたスペースはそれ以上の使い道がないためか、非常に殺風景だった。

机を挟んで対面する万井の表情は、明らかに迷惑そうで、眉間に皺を寄せ、じとっとした瞳でこちらを睨んでいた。

刑事ドラマの取調室を想起させるような冷たい壁の色調が、さらに話しにくい雰囲気を醸し出していたが、そんなこと、裏部にはどうでもよかった。

「それでさっきの続きなんですけど、中央公園のトイレに出るって本当のことなんですか？　本当だとしたら、どんなのが出たんですか？」

「来るんじゃないかな、とは思っていたんですよ。母から裏部さんのお母さんにどこの課にいるのか聞かれたって教えられたんで。というか、話しを聞きたいなら自宅に来てくれればよかったのに……」

万井は深くため息を吐くと、机に肘をついて左手で自分の額を掴み、ぐりぐりと揉み込んだ。

「出るっていうのは本当です。近隣の住民たちからは、どうにかしてほしいと要望が上がってきていて。上司からは対応を丸投げされてしまい、頭の痛い話なんです」

「お、そうなんですね。それはよかった！　で、いつ頃からで？」

「よかったってあなたねぇ……」

「あー、すみませんすみません。で、いつ頃からなんですか？」

裏部は何度かペコペコと頭を下げて形式だけの謝罪をして見せた。

その仕草と口調を目の当たりにした万井は、がくっと首を垂れた。これは文句をいってもダメなタイプだ、と口の中でつぶやくと、気を取り直して話し始めた。

「記録を確認すれば何年何月の何日ってお答えはできますが、そうですね……確か五年ほど前からです」

「なるほど？　トイレってことでしたけど、何がどこに出るんですか？」

「男子トイレの個室です。個室は二つあるのですが、入って手前にある個室に出るって話で。私は担当になってから何度か行ってはみたんですが、一度だって出た場面に遭ったことはないので、なんともいえないですよ」

「でも、住民からの苦情では出てるんですよね？」

「ええ。たとえば……奥の個室に入った人は、隣から壁をドンドンと叩かれたらしいのですが、すぐに個室から出て隣のドアを開けたら中には誰もいなかったとか」

万井は嫌そうな顔で頷いた。

「たとえば？　たとえばってことは、ほかにもあるんですか？」

身を乗り出した裏部に対し、少し背を仰け反らせて万井は続けた。

「まぁ、そうですね。誰もいないはずなのに中から音がしたって類の話がもっとも多く苦情として寄せられています。慌てて個室に入ろうとしたら、女が居てすぐに消えたとか。まぁ、ほかにもいろいろ」

聞けば、小用を足していると背後の個室の扉がひとりでに開く音がする、なんだろうと振り向くと奥の壁から血が流れ出ていて、警察を呼んでも、再び見るとそこには何もなかったなど、気味の悪い話ばかりを紹介された。

「それで、非公式ではあるのですが、神社から宮司さんを呼んでお祓いをしてもらったんです。それでも苦情が止まることはありませんでした。何度も、別の宮司さんを呼んだりもしたのですが、暖簾に腕押し、糠に釘……といった有様で」

万井は裏部に話しているような素振りではなかった。どこか諦めたような表情で、目も合わせずにひとりごとのように弱音を吐き出していた。

「じゃあ、もうどうすることもできない、と？」

「いえ、今度、祓い屋という職業の方に来ていただく予定です。どういう経緯でお願いすることになったかなどは、私の口からは教えられないのですが」

「本当ですか？　同席させてもらいたいのですが、いいですかね？　いいですよね？　どうせ非公式なんでしょう？」

怪異自体は聞くことができたし、もういいかな、と思い始めて椅子の背もたれに体重を目一杯預けていた裏部だったが、思いがけずお祓いの現場に立ち会えるかもしれないと、強引に見物の約束を取り付けることに成功した。

最初のうちは難色を示していた万井も、裏部のしつこさに音を上げる形となった。

「じゃあ、さっそく行きましょう！」

「何いってるんですか。今すぐじゃありませんよ。今度、といいましたよね？　来週です。夜、公園で待ち合わせる手筈になっていまして、具体的な日時は……」

はやる気持ちが一気に萎えていった。文句をいっても仕方ないのは重々承知している。

「えー……。じゃあ、とりあえずどこの中央公園かだけでも教えてくださいよ。先に様子を見ておきたいので」

その言葉を聞いて、万井は本当に勘弁してほしいといった顔をした。


裏部は今、件の中央公園に来ていた。


中央公園はひとつだけではない。一丁目の中央公園、二丁目の中央公園というように、同じ町に多くの中央公園が存在する。

「さて、あれが例のトイレか」

中央公園といっても、特筆するほどの広さはない。町の中心辺りに設けられているから『中央』なのであって、住民の中心的な存在ではないのだ。

裏部は、ブロック塀で作られた低い花壇の切れ間になっている入り口に立ち、数十メートル先に建つ、公衆トイレを眺めていた。

足もとには、自転車が入れないように小さなガードレールが敷かれている。

滑り台やブランコは設置されているが、回旋塔やシーソーは撤去されたのか見当たらない。

児童が怪我をして問題になり、危険だからと廃止になった遊具を取り除いた結果、どこの公園も殺風景になってしまったものだ。

公衆トイレは白塗りの外観で、右側には女性用の出入り口、左側には男性用のものがあり、目隠しのための木製の塀が設けられていた。

裏部はさっそく、男性用トイレに足を踏み入れると中をしげしげと観察した。

トイレ内は無人だった。

まだ昼過ぎで、陰鬱さはなく明るい。

大勢の人間が利用するトイレ特有の饐えた、何かが腐ったような酸っぱい臭い。

ただ、そこまでひどくないと思えたのは、天井近くに開けられた大きな窓のおかげか。

入ってすぐ、ひとり用の手洗い場がある。

右に視線をやると、右側の壁には小便器が三基。

左側には白い板で仕切られた個室がふたつ。

個室はドアが閉められた状態だが、どちらも鍵の表示は赤くなっていない。

ただ、手前の個室のドアにはバツの字に木の板が打ち付けられていて、利用できないようになっていた。


(普通なら、使用禁止とか故障中みたいな貼り紙だよな)

裏部はその個室を下から上へ視線を這わせて観察した。床からドアまでの隙間は幾分大きく設けられ、扉と鍵の金具にはとくに目立った汚れはない。

その先、天井もしっかりチェックすることを忘れなかった。というのも、万井からこんな話を聞いていたからだ。


ある男性が仕事で遅くなった帰り道。

急に催してきたので、歩く先に見えた公園で用を足そうと例のトイレに入った。

そのときはまだ手前の個室は木の板で封鎖されておらず、『使用禁止』の貼り紙がされているだけだった。男性は奥の個室を使うことにした。

ドアを押し開いて洋式の便器に腰を下ろし、一通り済ませ個室から出ようとした。

——ばたんっ！

隣の個室のドアが乱暴に閉じられた。

（ん？　たしか隣は使えないはずじゃ……）

不思議に思って個室から出ると、恐る恐る貼り紙の前に立ち、ドアをノックした。

「あの……すみません。そちら、使えないようですよ？　こちら空きましたので……」

返事はない。

いや、気配もしない。

失礼かと躊躇したが、床の隙間から覗いてみる。と、目の端に靴の裏が映り込んだ。

反射的に飛び退いた。トイレの床に尻もちをついてしまっているが、それどころではない。

そのまま目の前の個室を見上げる形となった。

個室の天井から縄のようなものがぶら下がっていた。直感的に首吊りとわかったのだが、角度が邪魔して頭部は確認できなかった。

男性は、あんぐりとした口を閉じて唾を飲み込むと、床に手を付かぬよう器用にゆっくりと立ち上がり、震える手でそっとドアに触れた。

すると、ギィと錆びた耳障りな音とともに、ドアは向こう側に開こうとした。

男性は慌ててドアを掴み、完全に中が見えるのを止めた。

ドアを元に戻した男性はトイレから出るとすぐに警察を呼んだ。

しばらくして警官ふたりがパトカーから降りてきて、ひとりが男性に事情を聞き、もうひとりがトイレの中を確認した。

しかし、首吊りの死体どころか天井から下がる縄すら見つからなかった。結局、男性は疲れていて幻覚でも見たのだろうと処理された。

また、別の話も万井から聞き出した。

小便をしていると、背後の個室から呻き声がする。その呻き声は入り口から見て手前の個室から聞こえてきたそうだ。

具合でも悪いのか、救急車を呼ぶ必要があるかとドア越しに問うが返答はない。

下の隙間を少し覗いてみるが足は見えず、ならばと奥の個室の便器に乗り、上の隙間から伺うと……。骨と皮だけのように痩せ細った子どもがこちらをじっと見ていて、驚いた目撃者は便器から落ちて怪我をした。

ほかにもある。

昼間、奥の個室に入ると、隣から壁を強く叩かれる。驚いて出てみると、手前の個室には使用不可の貼り紙があり、鍵のかかっていないドアを開けると子どもが立っていたがすぐに消えた。

そんな不可思議な怪異が多発し、トイレの利用者から、公園で子どもを遊ばせている親から、そして町内会から苦情が絶えなくなったというのだ。

「んな馬鹿な話、そうそうあるわけない……か」

裏部は奥の個室の戸に手をかけ中に入ると、ジーンズを履いたまま便座に腰かけ、ひとりごちた。

まだ日は高い。

遠くから未就学児の声が届いてくる。きゃあきゃあと甲高い声で、鬼ごっこでもしているのだろう。

「ま、そう簡単に……」

出てくれるわけがないか、と自嘲気味に笑おうとして俯いたときだった。

隣の個室との下の隙間から、青白い指が四本、壁が途切れた端をぐっと掴んでいるのが視界に入ってきた。

声も出なかった。驚いて反射的に仰け反る。

その指は何かを探しているかのように、波打ちながら右へ左へとゆっくりと移動している。

初めて肉眼で確認する怪異。遭遇できたら小躍りして喜ぶのだろうと常々考えていたが、気絶は免れたものの怯えて微動だにできない。

しばらくその光景を見つめていると、指は気が済んだのか、それとも諦めたのか、向こうの個室へとゆっくり消えていった。

便器の上に立って隣を確認することも、ドアを開けて出て隣のドアを開ける気にもなれなかった。

裏部は無意識に止めていた呼吸を取り戻すと、全力疾走した直後のように激しく酸素を肺に取り込んだ。

しまった、この音で指が再び姿を現すのではないかと思い至り、勢いよく個室から飛び出ると、一目散にトイレから逃げ出した。

這う這うの体で公園の出入り口までくると、何かに追いかけられているような気がして振り返る。

先ほどの物見遊山的な気分はとっくに霧散していた。一気に噴き出した汗を両の掌で拭う。

顔を上げると、何組かの親子が遊ぶどこにでもある公園が広がっていた。

「よく来れましたね」

職場とは違い、上下黒のスーツを着た万井が呆れ顔で裏部を迎えた。

真夜中の中央公園。外灯はあるものの、昼間とは打って変わってやたらと薄暗い。

先週、万井から聞き出したお祓いの当日だ。

あのあと、裏部は役所に引き返し、再度万井を呼び出すと、自分の体験を語って聞かせた。半信半疑だった万井も顔色を変えて裏部の話を聞き入った。

「あんな目に遭ったのなら、来ることはないと思っていたんですがね。本当によく来れましたね」

万井は裏部に一歩近づき、心配そうに裏部の顔を覗き込んだ。

「いや……まあ……そのね。一週間もあると喉元過ぎれば、っていうか、やっぱり最後まで見届けたいっていうか」

裏部は首を傾げながら目を泳がせた。

「それで、その恰好は？」

ランニングシューズ、ジーンズ、白の半袖Tシャツに黒い肩掛け鞄。そこまではいい。これから大学に行くのだといっても通じるだろう。

だが、首から下げた十字架、右手に握りしめた数珠、鞄にはべたべたとお札が大量に貼られている。

「いやぁ、どれが効くかわからなかったから」

照れ隠しか虚勢か、裏部はケラケラと笑った。

そんな裏部を見て、万井はこの人どこまで本気なのだろうかという顔をした。

「『よく来れましたね』っていうのは、そういう意味ですよ。その恰好、途中で警察に止められなかったのが不思議なくらいです」

「運がよかったんじゃないですかね。というか、さっき入り口のところに警備員のような人がいたんですけど、あれって?」

「あぁ、今夜、作業するから封鎖してた個室を開けたんですよ。でも、それだと使おうとして入ってくる人がいますから、今日明日だけお願いしているんです、警備会社に」

「どこから予算出てるんですか？　まさか税金？」

「いえ、まぁ、そこは……」

「心霊現象に税金ですか？」

「万井くん、じゃれとらんで、仕事をさせてくれんかのう」

突然、万井の後ろから老人のようなしゃがれた声がふたりにかけられた。

裏部が上半身だけ傾けて声の主に目を向けた。

そこには背の低い男性が立っていた。

紫に白の文様・八藤丸、白衣。所謂、神主の衣装だ。

ただ、ひとつ、違和感。

それは、真っ赤なマフラーをしていることだった。

秋口、まだ早いのではないかと思われた。

そもそも、袴にマフラー、いや、襟巻きといったほうがしっくりくる。

「このあとにもガッツリ仕事が控えておるんじゃ。さっさと始めてもいいか？」

老人の出で立ちに言葉をなくしていると、さらにその後ろから大柄な男が現れた。

　五分刈りで濃紺のジャージ上下、ビーチサンダル。身長は一九〇くらいだろうか。どう見ても、近所のチンピラかプロレスラーといったところ。

「これは助手の鈴木くんじゃ。粗暴な奴じゃが今回は力仕事があってな、頼りになるのよ」

　老人は軽く鈴木を振り返って一瞥すると、万井に向き直った。

「こちらも部外者ではありますが、見学がしたいとのことで、裏部という男が同席します。よろしいでしょうか？」

「ああ、問題ねぇって！　ひとりやふたり、見物人が増えたって、お祓いの邪魔になるわけねぇからな！　これ、鈴木！　お客人に失礼じゃ。挨拶せんか」

「あ！　すみません」

　叱られて、しゅんとした鈴木ではあるが、巨躯のせいで縮こまったようには見えなかった。

「さて、無駄話もここまで。準備に取り掛かろうかの。鈴木」

「へい！」

　鈴木は傍らに置いてあった巨大なスーツケースを軽々と持ち上げると、公衆トイレへと向かって歩き始めた。

　その後ろを追うようにして、神主姿の老人が歩いていく。

「あれ、誰です？」

　裏部がふたりの背中を指さして万井に問う。

「今回お祓いをお願いした有馬さんというフリーの祓い屋さんです」

「祓い屋？　フリー？」

　聞き慣れない言葉に思わず鸚鵡返しした。

「ええ、なんでも前回失敗した宮司さんのお知り合いなんだとか」

「お祓いってフリーランスとかあるんですか？」

「私には何とも……」

額を掻いて首を横に振る万井を見て、裏部は有馬という男に直接聞くしかないと考え、彼らの後を追った。


トイレに近づいていくと、すでに鈴木なる巨漢が、伸縮する棒を組み立て始めたところであった。

「あの、すみません。ちょっといいですか？」

裏部は、鈴木の作業を腕組みをして眺めている老人に背後から恐る恐る声をかけた。

「……なんじゃ？」

老人は首だけ軽く振り向き、肩越しに問い返す。

「今夜はよろしくお願いします。あの、スマホで写真とか撮ってもいいですかね？」

裏部はポケットからスマホを取り出して見せた。

「そんな話は聞いとらんが？」

駄目だ、ということだろうか。

老人のひとことで、返す言葉がなくなってしまった裏部は、どうにか取り繕おうと思考を巡らせた。


「カメラを向けられるのは好かん。悪いが遠慮してくれ。しかし、おぬし、変わりもんじゃな。こんなもんの野次馬など。そうじゃ、ほれ」

彼はため息をひとつ吐くと、懐から名刺を探し出し、裏部へ差し出した。

裏部は「どうも」と微かな声で感謝の言葉を述べ、受け取った名刺を興味深げに眺めた。

祓い屋　有馬　一

『はらいや　ありま　はじめ』

白地に黒文字でそう書かれていた。フォントに特徴もない。ひどく殺風景な名刺だ。

肩書と名前。

普通なら、連絡先の電話番号かEメールアドレスくらい印刷されていそうなものだが、それ以外は何も記載されていなかった。

「ありがとうございます。あ、俺は……」

「よろしく」

自己紹介をしようとしたが遮られてしまった。

(見物人には興味ないってか。まぁ、そうだよな)

ひとり納得して有馬の横に並び立つと、裏部はその横顔に問うた。

「あの、これから何をするんですか？　やっぱり、お祓いですか？」

「そうじゃ。神社の宮司がやるような祓いとは少し異なるが……」

質問に答える有馬だが、その目はきょろきょろとし、何かを目で追っているように思われた。

「けっこう居るのう。とにかく、こいつらを散らさんことにはどうにもならん」

「師匠。設置、終わりました」

全身に汗を滴らせた鈴木が有馬に近寄ってきた。お祓いの準備がすべて整ったことを伝えにきたのだろう。

見ると、地鎮祭で使われる八足台の上に陶磁器が並べられていた。

神饌（しんせん）を載せるための台である三方もあり、そこには供物となる米や塩が盛られている。

先に鈴木が扱っていた伸縮する棒は、祭壇を模るためのものであった。

「ありゃあ、何ですかね？」

目を引いたのは、公衆トイレの四隅に立てられた竹と、それらを連結する縄であった。

裏部は遠目から指で竹の形状を辿り、緩んだ縄を同じように示した。

「忌竹じゃよ」

「いみたけ？」

「そうじゃ。本来は、神を祭るときに、穢れを防ぐために斎場の四方に立てるんじゃが、今回は結界を張るんじゃよ。注連縄に四手は、その中が聖域であるという意味じゃ。まぁ、細かくはもっと説明せにゃいかんのじゃが……今はそういうもんだと思っておれ」

「はぁ……」

裏部は理解したような理解していないような曖昧な声を出しただけだった。

それから三分も経たずに祝詞（のりと）の奏上が始まった。有馬はトイレの前に設けられた祭壇に向かって、深い集中力を傾けて祝詞を誦み始めた。

一方、数歩離れた後方で、弟子の鈴木が地べたに正座をして師の動きを心配そうに見守っていた。

「ん？　おぉ……」

その光景をさらに後ろで見物していた裏部は本当に効果があるか疑問を抱いていたが、すぐにあることについて確信を持った。

有馬の体は微動だにせず、一定の姿勢を保っていたが、頭だけが頻繁に動いていた。何か特定のものを視線で追いかけているように見えた。

余談だが、何かを見つめる際に、女性は主に目を動かして追うのに対して、男性は首、つまり顔全体を動かして追いかけることが多いという研究結果が存在する。

だが、裏部には有馬が何を見ているのか理解できなかった。

というのも、裏部の視界に映るのは夜の闇、祭壇、公衆トイレだけで、動いているようなものは何もなかったからだ。

裏部が確信したのは、有馬が現在、この世のものではない何かを見ているという事実だった。

そこから三十分ほどで祝詞が終わった。

「万井くん、この竹、すぐに燃やしておいてくれんかね。鈴木よ、万井くんに竹を渡したら、祭壇を片付けて撤収じゃ」

「承知っす、師匠！　すぐに片付けて参りますので少々お待ちを！」

数歩しか離れていない祭壇に鈴木は走っていくと、手際よく竹を引き抜いて束ね、万井の足元にそれを置いた。

「あの……邪魔しないように見ていたんですけど、もう大丈夫なんですか？　その、お祓いっていうか、もう何も起きないっていうか」

「いや、まだじゃよ？　これから中を祭らんとな」

有馬は灯りの漏れるトイレの出入り口をじっと見ながら答えた。

「万井くん、お願いしておいたことは済んでおるかのう？」

「あ、はい、昼間のうちに。というか、この竹のことは聞いてないのですが？」

万井はすぐに燃やせといわれた竹を前に困惑しているようだった。

「あぁ、その竹な。外におった不浄を封じ込めたものじゃ。よく見てみぃ、黒く変色している部分があるじゃろ？　だから、ここは任せてすぐに燃やしてくるんじゃ」

見ると、薄暗い中でも、竹肌のところどころに大きな黒い斑点がはっきりと浮き出ている。

こんな目立つものは、設置するときにはなかったように思えた。

「じゃから、またそやつらが出てこんうちに燃やして始末せんと面倒なことになるぞい？」

「いや、急にいわれても……そうだ、自分が乗ってきた車に入れておいて、朝になったら燃やしてくれそうな業者に持ち込む形でも大丈夫ですか？」

「まぁ、早ければ早いほど無難なんじゃがの。それでもいいじゃろ。不浄は朝日が嫌いじゃからな」

有馬は腕組みを解くと、片手で長い鬚を触りながらつぶやくように答えた。

「わ、わかりました。す、すぐ戻るので続きを始めてください」

万井は竹の端をなんとか持ち、引き摺って公園を出ていった。

「……戻らずに車で眠ってしまったほうが、こちらとしては都合がいいのだが」

そうつぶやいた有馬に、裏部は質問を投げかけた。

「今、なんか、いいました？」

「や、気にせんでくれ。ほれ、行くぞ」

裏部の問いを軽く掌で振り払い、有馬は片付け作業を行っている鈴木を横目で見ながらトイレの中へと進んでいった。


トイレの個室のドアは両方とも開け放たれた状態であった。

先日、裏部が訪れたときと違って、問題の個室に打ち付けられていたバツの字の木の板が外されていて、どちらもドアが閉じないようにガムテープで固定されていた。

（有馬さんが万井さんにお願いしていたことって、板を外すことだったのか。それにしても、この荒れようはひどいな）

裏部は先ほどの有馬と万井のやり取りを思い出した。そして個室の内部を目の当たりにし、顔を歪めざるを得なかった。


奥の個室は常に使用され、清掃スタッフの手入れも行き届いているため、公衆トイレとしては極めて清潔であった。

それに対し、問題の手前の個室は、壁には黒マジックで書き散らされた落書きが随所に見受けられ、床は汚れが目立ち、なぜそうなったのかガラスの破片やビー玉まで散見されたのだ。

「さて……と」

有馬は問題の個室の前に立つと、何やら裏部にもわからない印を結び始めた。

「九字切りではないぞ？」

裏部を一瞥し、裏部の考えていることがわかったのか有馬は否定した。

「九字切りではない？　じゃあ、なんで……」

「おっと、そうじゃった。ちょっと失礼ぞい」

じゃあ、なんですか？　と裏部が問いかけようと口を開くと、有馬は突然何かを思い出したようにその場から立ち去ってしまった。

裏部は有馬の後姿を見つめるしかなかった。

「これじゃこれじゃ」

すぐに有馬は戻ってきた。

見ると、片手にラベルの貼られていない琥珀色の一升瓶を持っている。

「お神酒ですか？」

「や、瓶はそうでも中は聖水じゃ」

「えええ？」

裏部が素っ頓狂な声を上げた。

「知人から頼まれてこの除霊は無料で引き受けているがの、だからといって失敗はできないんじゃ。信用問題ってやつでな。何が効くかなんてわからんから、なんでも試しておくんじゃよ。すでに外から結界も張って、忌竹に封じ込めはしたが、まだ何か残っとる」

話しながら、有馬の視線は忙しなく動いていた。

やはり有馬には何かが見えている。この世ならざるモノを目で追っているのだ。


（すごいな、きっと霊能者ってやつなんだろうな）

裏部が感心したときだった。

――ガシャン！

一升瓶を逆さに握った有馬が、力一杯それを問題の個室の床に打ちつけた。当然のことながら、持ち手以外の部分はほぼ粉砕し、瓶内に収められていた彼が称する聖水が個室全面に飛び散った。

「えっ、何をして」

裏部は叫んだ。

そのとき、竹を車に戻し終えた万井がトイレに入ってきた。

「今、めちゃくちゃな音がしたんですけど……何、何があったんですか！　あなた、いったい何をしたんですか!?」

個室の様子に衝撃を受け、万井は混乱しながら声を大にして問い詰めた。

瞬間。

「わりゃあ！　いつまでもこんなところに居らんで

出ていかんかい！　どうせ大したこともできんくせに！」

　突然、何もない空間に向かって、凶器と化した一升瓶の成れの果てを振り回しながら、有馬が怒鳴り始めた。

　ものすごい剣幕で、瓶の破片を散乱させたことを咎めようとした万井も、説明を求めようとした裏部も黙るほどの勢いであった。

　それは有馬の息が切れるまで続いた。

　とにかく思いつくだけの罵詈雑言が次から次へと中空に浴びせられ、最後、握っていた瓶の一部を個室の奥の壁に投げつけると、有馬は大きく深呼吸をした。もう一度深呼吸すると、ただ固唾を飲んでいたふたりに向き直った。

「ま、こんなもんじゃろ」

　有馬は額に溜まった汗を手で拭いながらニヤリと笑う。

「いやいや、なにが『こんなもんじゃろ』ですか！　今のって除霊の一環なんですか!?」

　驚いた顔で固まっていた万井が問い詰めた。

　一方で、我を取り戻した裏部はあまりのことにゲラゲラと腹を抱えて大笑いをしている。

「とにかく今回は日頃から世話になっとる知人からの依頼でな、失敗するわけにはいかんのじゃよ。悪さしよるヤツが居る。ひとりふたりじゃない。何人もの宮司が来てお祓いで駄目だとすると、もう怒るしかないんじゃよ」

　カッカッカッカと、笑う有馬であったが、すっと真顔に戻った。

「ほれ、今夜の祓いは終いじゃや。さすがに鈴木も片付け終わっとるじゃろ。撤収じゃ」

　そういいながら有馬が出てゆくのを、万井はただ呆然と見送るしかなかった。

　やっと笑い止んだ裏部は、涙をひと拭きし、有馬を追ってトイレを後にした。

「お疲れ様」

静まり返った公園に、男の声が響いた。

「ちょっと待ってください」

警備員が声の主に立ち止まるよう求めた。

「なんじゃ？ わしは関係者じゃとわかっておるじゃろう」

有馬だった。

あの後、お祓いは済んだとされ、全員解散となったのだ。

そこから、一時間。

彼は再びこの公園のトイレに戻ってきていた。

「困ります。万井さんからの指示で、明日、清掃業者が入るまで誰も入れるな、と」

弟子の鈴木に勝るとも劣らない身長の警備員がきっぱりと断ったが、どこ吹く風。

「中を散らかしたのは悪いと思うておるんじゃよ。ちと罪滅ぼしに掃除にきたんじゃ。万井くんにはわしからよくいっておくので、悪いようにはせんよ」

有馬は涼しい顔をして応えた。

「はぁ……そうですか」

警備員はわかったようなわかっていないような、よくわからない受け答えをした。

と同時に、有馬は警備員の横をすり抜け、男子トイレに入っていった。


「……さて」

「お待ちしてましたよ」

トイレに足を踏み入れ、腕まくりをした有馬に声がかけられた。

開きっぱなしになっている件の個室から、ひとりの男がゆっくりと現れた。

「……おぬしか？」

「ええ、裏部っていいます」

「万井くんの車で帰ったんじゃなかったのかの？」

裏部は片方の口角を釣り上げて笑ってみせた。

「そうです。ですが、途中で降ろしてもらって引き返してきました」

その返答に、有馬の表情が少し苦々しくなった。

「外から聞こえてきてましたがね。掃除しにきたとかなんとか……」

「そうじゃ。あれだけ瓶を割って散らかしてしもうたからの」

「掃除道具、どこですか？　ガラス片ですよ？　普通、箒と塵取りくらい準備してきますよね？」

裏部は有馬の両の手を交互に指さして疑問を投げかけた。

「…………」

「答え、られませんよね？　というか、目的はこれでしょう？」

裏部はすっと右手を顔の前に持ち上げた。五百円玉大の琥珀色のビー玉が指に挟まれていた。

「…………」

有馬は驚きのあまり瞳を広げた。それにもかかわらず、彼からは一切の言葉が出てこなかった。

「無言は肯定と捉えますよ？」

「なぜわかった？」

先ほどとは打って変わり、祈祷のときにさえ見せなかったような鋭い視線を裏部に向けた。

「あのとき、ちゃんと俺の自己紹介を聞いておくべきでしたね」

「どういうことじゃ？」

「こういおうとしてたんですよ。『俺、呪いとか呪物とか大好きで、そればっか考えて集めているうちに幽霊とか化け物とかも好きになったんです』って」

その言葉をきくと、有馬は渋い顔になって首を横に振った。

「しもうたのう。単なる変わりもんかと思うて、とりあわんかった。まともに相手すべきじゃったか」

「ですね。これ、呪物でしょう？　何年か前にオークションに出ていたものにそっくりです」

天を見上げて深いため息をついた有馬は、再びマフラーで顔を半分覆い、裏部のほうを向いた。その視線はもはや挑戦的なものではなく、初対面のときのような何気ない眼差しに戻っていた。

「掃除ではなくて、これを回収しにきた、が正解ですね？」

裏部はつまんだそれを、回転させせながら問うた。

「そうじゃ」

「あのときも変だと思ったんです。一升瓶なんて大きなものを用意し忘れるだろうか？　この琥珀色のビー玉を見つけたあなたは、一升瓶のガラス片に混ぜて、あとで掃除するときに誰かが立ち会ってもばれないようにする方法を思いついた。だから……」

「ちょうど、この個室で騒ぎが始まった頃のことじゃ。わしは噂がどんなもんかと、様子を見にここを訪れた。それがいかんかった。来る途中、別の現場で預かったそれを落としてもうてな。しかも、それに気がつかんかった」

「あれ？　てっきりこれが事の発端かと思ったんですけど」

「いや、わしが来る前にはもう霊は溜まっておったよ。最初、そこで首吊りがあった。役所の人間が弔い方でも間違ったんじゃろう。それで、そこは所謂『悪い場所』になってしもうた。だから、怪異が多発したのじゃよ」

「じゃあ、これを取り除いただけじゃ……」

「いやいや。祓うもんは祓った。ぬしもその目で見たじゃろう？　忌竹を」

「ええ、まぁ、たしかに」

「それに、怒るというのも本当に効果があるんじゃよ。しばらく、ここを見にくるがよい。しっかり、怪異は消えてなくなっとるから。それと、それ、やるわ」

「え？　い、いいんですか？」

「もともと事務所で始末しようとしてたものじゃ。ほしいんじゃろ？」

「あ、ありがとうございます！」

裏部は素早くジーンズのポケットにビー玉をねじ

入れた。

「あ、じゃあ、お返しってわけじゃないですけど、これ。あとこれも」

裏部は首から下げた十字架や持っていた数珠を、強引に有馬に渡した。

「じゃ、俺、帰ってさっそくこれを研究したいんで、これで！」

「あ、おい。こんなのいらんわい」

ふたりが公衆トイレから出ると、すでに空は白んでいた。

＊　＊

裏部の長い話に、しばらく言葉が出てこなかった。どちらとも、飲み物を持ったまま動かない。

私は大きく息を吐いた。

「その人さぁ、ホント大丈夫なん？」

「いや、大丈夫ですって！　あれから、あのトイレに怪異なんて起きてないんです。ちゃんと竹が変色したのも見ました。それに何よりあの呪物！　ある人に送りつけたら、その人、階段から落ちて入院しちゃいまして」

捲くし立てる裏部をじっと見て、酒をひとくち。

「じゃあ、わかったよ。まだ、半信半疑だけど、これから先は自分の目で確かめることにするから、ぜひ紹介して」

「じゃあ、ここに電話してみてください。有馬さんの『現在の』電話番号です。別れ際、何か困ったことがあったら泣きついてこいって連絡先を教えてもらいましてね。もちろん、ビー玉の件については黙っているって交換条件ですけど」

「抜け目ないねぇ」

ふたりは同時にどっと笑った。

「あぁ、それで、もし信じてもらえないようなら、こいつを預けようって思って持ってきたんです。どうです？」

何やらポケットから出す仕草をした裏部の手に握られていたのは件のビー玉だった。

邂逅

商店街。

東西に延びる個人商店の通りは日本有数の規模だそうだ。

この端を抜けた先に、昭和時代を思わせるアパートが立ち並んでいる。

夕暮れ時、夕食の材料を買い出しに出てきた人たちをすり抜け、季節の終わりとはいえまだTシャツの背中に汗の染みを滲ませるには十分な日差しの中、そこを目指していた。

下町、と言い切ってしまえばそれまでだが、通勤の風景ではなく、日々の生活を感じさせる人混みは眺めていて気持ちのよいものだ。

古い食堂、町中華、ビストロに居酒屋。多国籍な匂いが漂い、食欲を刺激する。

せっかく来たんだ。

少しどこかで、と悪魔の囁きに乗りかけるが、約束の時間を違えるわけにはいかない。

拙著『神職怪談』で取材を申し込んだ宮司のみなさんから尽く取材を断られ、困っている自分の助けになれば、と裏部から紹介された有馬氏は、電話の通話で取材をさせてもらっただけで、実際の対面となると今日が初めてだ。

声と口調からの勝手な第一印象は頑固で変わり者、あるいは『祓い屋』という普段我々には聞き慣れない特殊な職業のためのキャラクター作りをしているかもしれないと感じた。

――祓い屋。

彼は、もともとは大きな神社の跡取り息子として生まれた。小さい頃から両親に跡目として――言い方は悪いが――洗脳されて育てられてきた。

誕生と同時に将来を決定されている者は、どこかのタイミングで外の職業に憧れを抱くことがある。最悪、人知れず家出をする強硬手段を取り、行方知れずとなってしまう場合まであるそうだ。

彼の場合もご多分に漏れず、大学で宮司になる資格を取得し、卒業後の修行中に出奔してしまったことがあるらしい。

『神職怪談』の原稿で彼の人となりを探るため、そのことを問うたら、「昔の話だ。他の無思慮者とは違う」と憮然とした声で返された。

あまり触れられたくない過去なのだろう。

その後、紆余曲折あって実家に戻り、父親の跡を継いで宮司になった。それから息子に家督を譲り、現在はフリーで祓い屋をしている。

平たくいえば、無所属の神職、お宮を構えない神主といったところだ。

ただその実、正式な依頼ができない者、とてもじゃないが信じ難い困り事を抱えた者、事情があってその場から動けない者など、普通の神社では引き受けられない厄介な事案を専門とする祓い師なのだそうだ。

さて、そんな彼に会うため、長々と商店街を歩き、白バイが睨みを効かせる片側三車線の横断歩道を越え、『さつき荘』と石柱に掲げられた看板の前までやって来た。

もちろん、暑さにも負けず。

アパートは二階建ての単純なもので、ところどころ欠けたブロック塀や日焼けした木製のドアがいかにも時代を感じさせる。

長い間、誰も掃除していない入り口は鳩の糞で斑に白くなり、雨戸の戸袋は塗装が剥げて元が何の色だったのか想像もつかない。

不動産サイトでは八〇年代築とされているので、もう四十年以上も過去の建物だ。

家賃三万五千。

六畳一間。

ユニットバス、収納あり。

駅徒歩十二分。

世襲制神社の宮司を退いた人間が暮らす自宅兼事務所には不自然なまでの粗朴さだ。

二階だと聞いているので、外階段を上ることになる。雨よけのため申し訳程度に付けられたトタン屋根があるが、何が落ちてきてそうなったのか、大きな穴があいている。

大家なのか管理会社なのか知らないが、もはや修理するつもりがないのは明白だ。

階段の途中で、他のアパートに目を向けてみるが、どこも似たり寄ったりの劣化具合で、一瞬、建物を間違ってやしないかと不安になった。

腕時計の盤を確認する。

あと六分で約束の時間だ。

少々の疑問は残るが、会って話をすれば解消するだろうと決めつけ、薄い鉄板でできた階段を上る。

思わず足音を立てずに上っていったのは、会ったこともない荒くれたほかの部屋の住人を勝手に想像したからだった。

「こんにちは。怪談の取材をお約束いただいていた者ですが……」

ブザーやインターフォンのようなものは無い。力加減を間違えると穴をあけてしまいそうな木製の頼りない扉をノックして声をかける。

すぐに蝶番の軋む耳障りな音と同時にドアが開き、三十絡みの男性が顔を覗かせた。

同時にカビ臭いにおいが鼻をついた気がしたが、建物の佇まいからくる気のせいか、はたまた。

「お待ちしておりました。狭い部屋ですが、どうぞ奥へ。先生もお待ちです」

白いショートソックス、裾を折って長さを調節したジーンズ、無地の白Tシャツ。一応は営業用の笑顔を湛えているが目は笑っていない。

センターで分けられた髪型はサラッとした清潔感があり、対人には受けがいいはずだ。

「あ、どうも。私は……」

「いえ、名刺は先生にお渡しください。自分は助手兼弟子で見習いの者ですので……。あ、でも……すみません。やっぱり頂戴します。そういえば、連絡の窓口にもなれっていわれたばかりでした」

少しばかり悪びれた様子で片手を出され、引っ込めかけた名刺を再び彼に向かって差し出した。

「あ……申し遅れました。自分は佐藤と申します。実は、去年の春ごろに……」

「おうい、わしを忘れないでくれよ?」

「うわっ、ごめんなさい、先生っ!」

焦って半身振り向いた佐藤くんに今まで遮られていた部屋の中が目に映った。

部屋の奥、雨戸が閉じられた窓を背負うようにして有馬さんは正座していた。

背筋を伸ばし、両の手を膝の上に起き、足は柔道家のようにハの字に開いている。

白衣、紫に白の文様・八藤丸。おそらく、見えてはいないが足袋を履いていることだろう。

神社の神職は装束で等級・身分がわかるようになっている。

経験や人格、神社や神道に対する功績などによって決められるものだが、彼は一級に当たる装束を身に纏っていた。全国の神職一パーセント、約二百人しかいないとされている身分だ。

ちなみに、この上に特級が存在する。

神社本庁トップの統理、伊勢神宮の大宮司、誰もが知っている大神社の宮司など、一握り、いや一摘まみの人間だけがその席にいるのだ。

「あ、どうも。先日の取材ではお電話でお世話になりました」

「そんなとこにいないで、こっちへお入り」

有馬さんが片手でふたりを招くと、佐藤くんはさっと彼の横に移動し、手を後ろに組んで立ったままの姿勢を取った。

こちらはハンカチで額の汗を拭いつつ、挨拶をしながら靴を脱いで、部屋にあがる。

照明は決して暗くはないが、どこか明るいとも言い切れない。

それでもパッと見た感じの印象がぼやける。

五十代のようにも見受けられるが、七十代といわれれば頷いてしまうだろう。

オールバックにした白髪は肩まで伸びていて、白鬚も形良く逆三角に整えられている。

対して、眉毛は黒く太い。ぎょろりと大きく見開かれた目と併せれば、よくいうと日本妖怪・天狗、悪くいえば昭和の絵に描いた占い師を連想させた。

部屋の中は、来客の予定があるためか掃除され整理されていた。本棚や食器棚などはなく、生活の痕跡が見受けられない。

その代わり、神主がお祓いに使う大麻（おおぬさ）が壁に立て掛けられている。

ほかにも、梵字で書かれた札が重ねられて畳の上に置かれていたり、破魔矢や数珠、聖書なども目についた。

もはや、神道だけの部屋ではなかった。

「暑い中、よく来てくれたねぇ。いやいや、名刺はけっこう。佐藤くんに渡したもので十分だよ。とはいえ、こちらから連絡することは無い。ま、突っ立ってないでお座り。取材に来たんだろう？　それと、佐藤くん、お茶を」

「かしこまりました。すぐにお持ちします。これ、座布団です。よかったらどうぞ」

すっと出された座布団を受け取り、有馬さんの前に胡坐をかく。正座をしようとしたのだが、片手で軽く制された。

「それにしても、キミも物好きだねぇ。神社以外のお祓い事なんて、そんな面白いものでもないのに。逆に変に危ない目に遭ったりするから。この佐藤くんも止めたんだけど、再三頭下げられてあのとおり弟子入りだよ」

よくしゃべる。

「この前は電話だけで悪かったねぇ。ちょうど岐阜県で仕事が入っていたから。あれは何だったかな。そうそう、夜中に大蛇が出るとかだったか。まぁ、とにかく何でも聞いてもらって大丈夫だよ。答えられるものは答えるよ。依頼人のプライベートや個人情報みたいなものは申し訳ないけど」

落ち着いた小さな声でどうぞと冷たいお茶を入れてきた佐藤くんとは対照的に、饒舌でカラカラと笑う様は、どっちが祓い屋でどっちが弟子かわからなくなる。

「わしもねぇ……あ、この『わし』というのも仕事柄、依頼者を安心させるための作りみたいなものだったんだが、いつの間にか癖になってってね。一昨年くらいまでは『じゃから』とか『○○なんじゃ』とか、いかにも爺の口調でいたんだが、ウケが悪くてやめてしまったよ」

と、ケラケラ。

いわれてみれば、電話で取材させてもらったときは普通の話し方だった。

標準語で聞き取りやすく、早くも遅くもない。今は、少しだけ早口で声も明るく思えた。

たしかに、異常にひょうきんで明るく饒舌な神主よりは、寡黙で重々しい口調のほうが客受けはいいだろうし、説得力がある。

その辺、本人も気がついている。

勝手な想像だが、これが災いして仕事を逃したことがあるのではないか。

「で、何が聞きたい？　幽霊か、妖怪か、それとも呪いの類か……」

「あ、いえ、今回はですね。お話を伺うのはもちろんなんですが、実際にお仕事の同行をさせてもらえないかとお願いに来た次第でして」

「ほう……？」

部屋の温度が下がったように感じた。

つい先ほどまで笑っていた顔は、すっと真顔になり、こちらを値踏みするようにジロジロと眺めてきた。

「む、無理なら無理でけっこうなんです。ただ、どんなものかと興味が」

「あいわかった！ 今夜、ちょうど仕事が入っているから来なさい。撮影や録音はできないが、メモくらいなら先方も文句はいわんと思うぞ」

力強くバシッと膝を打ち、こちらを指さして大きく頷きながら、有馬さんは同行を許してくれた。

しかし、余程痛かったのか膝をさすっていたのは見逃さなかった。


二十一時。

訪れたのは、何の変哲もない都内の近代的な戸建て住宅。

表札には、『松山』と書かれている。

一階は乗用車が一台停められる駐車スペースがあり、その横が玄関口になっている。

駐車スペースには車が停まっていない。ただ単に車を持っていないのか、それとも車で外出中の者がいるのか。夜、我々が来ると知っているはずなので、おそらくは前者か。

それでも、奥に停めてある自転車と三輪車を見る限り、子どもがふたりいることが見て取れた。

正面からはそのくらいしかわからないが、立ち並んだ他の住宅もそっくりだ。同じデザインで、建売だったことは容易に想像できた。白く塗られた壁は平凡だが清潔感があり、祓い屋に何か依頼してくるには不釣り合いな佇まいだ。

周辺は、とくに目を引くものはない。

来る途中、空手道場や弁護士事務所の看板があるだけで、墓場や火葬場など、死を連想させるものはなかった。

　そういう意味では、どこにでもある住宅街だ。

　有馬さんに目で指示され、大きな荷物を抱え、汗だくの佐藤くんがインターフォンを鳴らす。何が入っているか知らないが、よくもまああんな大きな荷物を運べたものだと感心する。

　すぐに中から女性の返事があり、ドアが開かれた。出てきた女性は、ここの奥さんであった。

　挨拶もほどほどに、そのまま応接間に通され、真ん中に有馬さん、その右に佐藤くん、左に自分という恰好で、三人そろってソファに座らされた。

　夕飯はカレーライスだったのか、まだ香辛料の香りが漂う中、依頼内容が説明された。

「まずは、これを見ていただきたいのです」

　挨拶もそこそこに、二階から降りてきた旦那さんが有馬さんの正面に座った。自分を『松山和彦』と名乗った男性は、ぱっと見た感じ五十半ば。

　散髪にいっていないのか長髪でところどころ癖が出て跳ねている髪型に無精鬚。黒縁の眼鏡は長い間拭いていないようでテーブルを隔てた距離でも脂で汚れているのが見て取れた。

　上下のスウェットもいい具合にくたびれていて、とても人に会って何か依頼をしようという様子ではない。おそらく、年齢は印象と違いもっと若いのかもしれない。

　差し出されたのは、一枚の写真だった。

「娘が自分のスマートフォンからプリントアウトしました」

　寒い季節の夜に撮ったものだろう。少し引いたアングルで、公園のベンチに高校生くらいの厚着をしたカップルが笑顔で座っている。

　向かって左に危険だからと撤去が進んでいる今時珍しい回旋塔が半分映っている。カップルの後ろは落葉し切った林が広がっているが、木の数が多く、まったくその先が見えない。

　なんとなく大きな公園ではないかと想像させた。

ただ、ひとつ。変だったのは、濃霧でも発生していたのか、写真上半分が白くなっていることだった。

「……ん」

口をへの字に曲げた有馬さんが写真をじっと覗き込み、手に取ると、佐藤くんに手渡した。おそらく、威厳を出そうとしているのだろう。

どうにもペテン師を思わせる。

「普通の……写真ですね。これが何か？」

渡された写真をしげしげと確認しながら、佐藤くんが問う。『先生』はさもわかっているフリで顎に手を添えて首を横に振った。

「右にいるのが娘の結衣です。それと、その隣が付き合っているという男の子だそうです。撮られたのは七、八か月ほど前のことです」

和彦さんの隣に座った奥さんが、よほど困っているのか膝の上で両の手を握り、下を向いてしまっている。

「おふたりに何かあったんでしょうか？」


佐藤くんが改めて問うと、和彦さんは沈痛な面持ちで語り始めた。


正月も終わり、高校の冬休みが明けようとしているある日。結衣さんは、その前年から付き合い始めた『杉田優斗』くんと一緒に遊びに出かけた。

街で買い物をし、カラオケで騒ぎ、友達たちの間で話題になっている洋食屋で夕飯をとろうとした。

オーダーが決まり、店員さんを呼ぼうとしたとき、店に結衣さんの親友とその彼氏が入ってきた。

「偶然だね、一緒に食べない？」

などと、どちらが先にいったのかわからなかったが、とにかくダブルデートの形になった。

あれこれとおしゃべりをしながら、食事を終え、店を出て駅に向かって歩いていると、大きな公園に差し掛かった。有名な公園で、景色もよく、いわゆる「映（ば）える」写真を撮るにはもってこいの場所だった。

四人は記念写真を撮ることにして、公園のそこかしこで写真を撮り合った。

そんなことがあってからしばらくして、結衣さんに異変が起きるようになった。

ある早朝、まだ夜が明けるか明けないかという時間のことだ。

突然、自宅の据え置き電話が鳴った。

「はい、もしもし、松山ですが、こんな早くに……?」

和彦さんが眠い目を擦りながら、文句のひとつでもと受話器を上げると、それは自室で寝ているはずの娘からの電話だった。

「あ！　お父さん!?　えっと、今何時かわかんなくて！　あ、じゃない！　どこにいると思う？　いや、そうじゃなくて、えーと、えーと、ビックリすることがあったんだよ。や、ちが、迎えに、お金がなくて、ちがうちがう！」

ぐすぐすと鼻水をすすりながら話しているので、泣いているのがすぐにわかったのだが、パニックになってしまっていて要を得ない。

とにかく、これはただ事ではないと、どうにか落ち着かせて娘の話を聞いてみた。

話はこうだ。

夜、たしかに部屋で寝たはずだった。

目が覚めると、自分の部屋ではない部屋に居た。

ぼんやりする頭で一生懸命に思い出そうとして、結衣さんは気がついた。

この部屋は、あのダブルデートからすぐ後に亡くなった親友の部屋だということに。

何度も遊びに来たことがあるので、見間違えるはずはない。

慌てたが、騒いでこの家の人たちが起きるのはまずいと思い、こっそりと外に出て、近くのコンビニで電話を借りてかけているのだという。

ずいぶん冷静な判断をしたものだ。

しかし、状況を親に話す段階で再び混乱したのか、和彦さんは最初はまったく意味がわからなかった。それでも、住所を訊くと、大急ぎで車を出して、迎えにいったそうだ。


「……というのがあらましです。そんなことが一度だけではなく、何度も続いていて。向こうのご家族にもすぐばれてしまい、相談し合ってはいるんですが、もうどうにもならなくて」

「そうじゃなぁ……」

鬚を弄っていた有馬さんが口を開いた。

「本当にそれだけですかな？　我々が手掛ける怪異というには程遠いように思えるのじゃが。ほかに何かおかしなことがあったのではないかな？」

「はい、そのとおりです。娘は起きると親友の部屋のベッドの上にいるというのですが、そのとき、親友のパジャマを着ているんです。初めて車で迎えにいったときも、見たことのないパジャマ姿で。それに唸るようになってしまったんです」

有馬さんの言葉に反応して、ぐっと身を乗り出した和彦さんは早口で続けた。

「……唸るとな？」

「ええ、唸って暴れるんです。それで、一昨日は迎えにいった帰りに後部座席で手の付けようがない暴れ方をして。おかげで自損事故を起こしてしまいました……」

なるほど。外の駐車スペースに車が無かったのはそのせいだ。きっと修理に出しているのだろう。

「それに……………」

「それに？」

有馬さんが目を細めて次を促す。

「それに、死んだ親友というのが亡くなったとき着ていたのがそのパジャマだったらしいんです。急な心臓の病だったそうなんですが、向こうのご両親がいうには、間違いなく病院に担ぎ込んだときに着ていたのだと。遺品はパジャマも含め捨てられず、大切にとってあるようなんですが、娘が起きると必ずそのパジャマを……」

和彦さんがいうには、火葬のときは亡くなる前にほしがっていた服を着せてやったのだそうだ。

「……ふむ」

ひとつ頷くと、有馬さんはまた鬚を弄り出してしまった。

居心地の悪い重い空気が流れる。奥さんは先ほどから旦那の顔を見たり、我々の顔を見たりしている。何かいいたげというわけでもなさそうだが、それぞれの反応を窺っているのだろうか。

「あの……あたし、お茶淹れてきますね。忘れてましたから」

そういって奥さんが立ち上がろうとした瞬間。

「ちょ、ちょっと待ってください。娘さんの身に、何か怪異が起きて祓ってくれというのが依頼だとなんとなく理解したのですが、写真。この写真はどうなったんですか？　まだ、この意味を伺っていませんよ」

佐藤くんが、たまらず口を開いた。写真を見せられてから、ずいぶんと時間は経っているが、まだその話を聞かせてもらっていない。

「ごめんなさい。あたしはちょっと聞きたくないので、台所にいますね」

奥さんは、そそくさと応接間を後にしてしまった。

「この写真から話すべきだったかもしれませんね。実は、その写真なんですが、よく見てください」

佐藤くんの手にある写真を有馬さん越しに覗き込む。いわれて佐藤くんもじっと写真を見つめるが、なんのことやらといった様子。同じく自分にも和彦さんがいわんとすることが掴めなかった。ただひとり、有馬さんは、ふんっと鼻をならすと、佐藤くんから写真を奪ってテーブルに戻した。

「狐、じゃろう？」

「え？　先生、わかるんですか？」

「当たり前じゃ、よく見てみぃ。しっかり写っとるじゃろ？　見てすぐわからんとは、まだまだ修行が足りん証拠じゃて」

何度も見返すがわからない。対して和彦さんは、うんうんと頷いている。

どうやら有馬さんが正解なのは理解できるが、なぜ和彦さんはこの写真に辿り着くことができたのか、私にはわからなかった。

「横顔じゃよ。わからんか？　結衣さんの真上、でかい狐の横顔が白く現れておるじゃろうが」

「あっ！」

目を皿のようにすると、たしかに霧らしき白いものが、狐の首を横から見た影を象っている。

目があって、鼻があって、口が……ニヤリと笑っているように見えた。

「松山さん、この家に一日中開いているような窓なんかないかね？」

「は？」

突然の質問に目を白黒させる和彦さん。そんなことお構いなしに、有馬さんは質問を繰り返した。

「どんな小さな穴でもよい。マンションなどはカビ防止の給気口があるが、一軒家はどうかのう？」

「それが娘と何か関係が？」

当然の質問だ。質問を質問で返すのはどうかというものだが、あちらは藁をも掴みたいはずなのに、何の説明もなしに関係なさそうな話をされては、たまったものではない。

「なんじゃ？　結衣さんを救いたくはないのかえ？」

「いえっ、そんなことは！　ずっと開いている窓というと、こちらです、どうぞ」

ムッとした表情を見せた和彦さんだったが、すっと立ち上がり、廊下を歩いていった。

連れてこられたのは二階のトイレだった。

「一階にもあるんですが、家族の部屋は二階にあるんで、一階はほとんど使いません。代わりにこっちを皆使うので、小窓を開けっぱなしにしているんです。消臭剤だけじゃ思うようになりませんから」

和彦さんによって開けられたトイレからは、金木犀の香りがしていた。

洋式の便器があり、タンクがあって、今は蓋が閉じられている。その上、天井から十数センチのところに横長の小窓が開いている。

防犯的にどうなのかといったところだが、目算で幅五〇センチ、縦一〇センチといったところだ。人間なら、まず入ってはこれない大きさだ。

「そこ。閉じるとひとつ解決じゃ」

「え？　あの、先生？　おっしゃってる意味がわからないのですが、説明していただいてもいいですか？　ほら、松山さんもまったくわからないと怪訝な顔されてますし」

突拍子もないことを言い出した有馬さんに、佐藤くんが全員を代表して疑問をぶつけた。


「ええか？　結衣さんは狐憑きじゃ。狐にとり憑かれているのじゃろうなぁ。だから、あんな小さな窓でも軽々と出ていくことができる。しかし、狐はしょせんは獣じゃて。鍵を開けるような知恵はないのじゃやな」

「そっ、そうなんですか？　え？　あれ？　お祓いの準備とかしなくても大丈夫ってことですか？」

人が本当に驚いたとき、きっとこんな顔になるのだろうくらいお手本的な顔を佐藤くんはしている。

「お相手さんに電話して訊いてみるがよかろう。きっと先方にも似たような小窓があることじゃろうて。いや、お前、近い」

ぐぐぐっと詰め寄る佐藤くんの額を手で押しやると、有馬さんはニッと笑った。

「すみません。私にもよくわからないのですが、これで解決なんでしょうか？　娘のスマホに残った写真が怪しいと教えてくれた近所の宮司さんが、これは手に負えないからと有馬さんを紹介してくれたのですが?」

和彦さんは困惑しているようだ。

助手だか弟子だかの佐藤くんだってわからないのだ。一般人の和彦さんが理解できないとしてもおかしくはない。

「推測じゃが、その亡くなった親友とやらも一緒に写真を撮ったときに、同じようなものが撮れているはずじゃや。小窓の件を訊くときに併せて訊いてみるがよかろう。あの宮司もいい加減なものじゃて、悪霊の気配はするがどうしていいかわからないから頼むとかなんとか……。それに『ひとつ』解決じゃや。ほかに開いているところはないな? これで狐を閉じ込めた。これから根本的な解決を行うぞい。ほれ、準備せい」

有馬さんのひとことで、我々は二階にある結衣さんの部屋の前に集まっていた。

和彦さんがいうには、今夜はまず大人たちだけで相談という位置づけで、元々結衣さんはこの部屋に居て、顔を出していないだけだそうだ。

「あれ? お前も来たのか? 悠真はどうした?」

「だって、あの子のこと、心配じゃない。悠真は、しっかり寝かしつけてきたわよ」

「そうか。それならいいが」

お茶を淹れにいってずっと戻らなかった奥さんまで来ていた。『悠真』というのは、この家の長男のことか。あの三輪車の持ち主となると、三歳くらい。同じく二階の夫婦の寝室で寝ているのだろう。奥さんは台所に行ったはずだったが、寝室でひとりグズる幼子の面倒を見にいっていたというのが正解だと想像がついた。

「すまんのじゃが、ドア、開けてくれんか?」

「あっ、ごめんなさい。じゃあ、開けますから」

奥さんは、そういうとコンコンッとノックをした。自然にすっと和彦さんが身を引いて奥さんに任せたのは、きっと女子高生ならではの男親を毛嫌いする思春期や反抗期だからだ。

「なあに？　今日はもう部屋から出るなって……あっ！」

扉がゆっくりと開いて、中から女の子が顔を出すなり引っ込んでしまった。

ショートカット。サイズ大きめの青いTシャツに白い短パン。一瞬、フワッと石鹸の香りがした。

「ちょっと、どうしたの？」

もう一度、ノックをする奥さん。

それは当然だ。いきなり夜に見知らぬ大人が三人も部屋の前に立っているのだ。両親がいるとはいえ、驚くのは普通のことだ。

（何？　その人たち？　さっきいってた人なの？）

中から声がする。

「そうよ。結衣ちゃんのこと、治してくれるそうよ。心配ないから」

「結衣、せっかく来てくれたんだ。開けてくれないか？」

和彦さんも奥さんのあとから中に声をかけた。

すると、再びゆっくりとドアが開き、結衣さんが現れた。

「夜分遅くすみません。自分は佐藤といいます。こちらは有馬先生といって霊験あらたかな祓い屋、お祓いの先生です」

佐藤くんは、ものすごい営業スマイルで挨拶をすると、両手で有馬さんを指した。

「え？　え？　祓い屋って？　お祓いってことですか？　え？　急！」

「そうじゃや。これからお祓いをさせてもらうんじゃよ。嬢ちゃんが二度と変なことに悩まされないようにな。ほれ、佐藤くん、準備じゃや、準備」

「え？　え？」

なおも混乱する結衣さんを落ち着かせ、有馬さんと佐藤くんは、簡単に事のあらましを伝えて、これからどうするか説明をしていった。

両親と結衣さんが見守る中、結衣さんの部屋に祈祷のための道具が佐藤くんによって、なんだかぎこちなく並べられていく。

女の子の部屋らしく綺麗に片付けられていて、掃除も行き届き塵ひとつない。

入って正面には勉強机があり、その奥は出窓になっていて今は薄水色のブラインドカーテンが下りて外から見えないように閉められている。

視線を左に向ければ、ドア横にテレビ棚と本棚があり、その逆の壁にはぴったりと付けられたベッドがある。

全体的にパステルブルーで統一された部屋は、最近の流行りである北欧系やナチュラル系といったものので可愛らしくなり過ぎない、落ち着いた雰囲気であった。

左の壁は掃き出し窓になっていて、その先はベランダに通じているのだそうだ。

さて、そうこうしているうちに大麻がベッドに立て掛けられ、陶器製の器に塩が盛られ、切麻（きりぬさ）が箱に入れて置かれた。

「で、嬢ちゃんはベッドに横になってもらうかの」

「え？　な、なんで……ですか？」

「今から嬢ちゃんに憑いとる狐を祓う。普段は、神妙に正座でもしてもらうんじゃが、憑いた状態、行動を起こす状態になっていたほうが表面に出やすく祓い易いからの。しばらく目を瞑って横になっておくれ」

戸惑っている結衣さんは、困った顔で両親を交互に見た。

どちらも目が合うと同時に、小さく首を横に振ると、次に深く頷き返した。

「じゃ……じゃあ。え？　大丈夫ですよね？」

「心配ない。ほれ、佐藤くん、箱を両手で持ち上げてそこに座れ」

結衣さんを横にした有馬さんは、右手に佐藤くんを正座させると、ちょうど供物を神に差し上げるような姿勢で箱を頭の上に持ち上げさせた。

祈祷が始まる。

部屋は明るいまま、有馬さんは祝詞を奏上し始めた。

切麻が時折、結衣さんに振りかけられる。

結衣さんは目を閉じているので、それが何かわからず、最初は小さな悲鳴を上げて飛び起きたが、説明を受けた今は振りかけられるたびに、少しビクッとするだけになっていた。

しばらく祝詞が続き、有馬さんの額に汗が噴き出てきた。それを佐藤くんが拭ったときだった。

部屋の照明と、廊下の電気、それに待機状態を示す録画機器やゲーム機本体のＬＥＤランプが消灯し、真っ暗になった。

突然のことに目が慣れず、誰が何をやっているのかわからない。

私は慌てて自分のスマホをポケットから取り出したが画面が光らない。充電はしっかりしていたはずなのに。

まるですべてが止まってしまったかのような静寂が一瞬訪れたあと、誰のものともわからない女性の悲鳴が上がった。

奥さんなのか、結衣さんなのか。

「慌てるな！」

これまでの穏やかな口調からは想像もつかない声量で有馬さんが叫んだ。

おそらく全員が声のしたほう、つまりベッドの前にいる有馬さんに視線が向いたはずだ。

が、次の瞬間には、シャッという鋭い音がして、全員がそちらに目を向けた。

それはブラインドカーテンが開く音だった。

ブラインドカーテンそのものが上げられたのではなく、斜めになり部屋の中が外から見えないようになっていたスラット（ブラインドを構成する薄い板）が、床と平行になって外の景色が透けるようになっていた。

そのスラットの間から、一匹や二匹ではない、無数の光る眼がこちらを睨んでいた。

そこでまた悲鳴が上がった。

それに呼応するように出窓のガラスがパンッと音を立てて砕け落ち、動物の走り回る音がする。なにかが入ってきたと誰もが反射的に思い、身を強張らせた。

「でやあっ！」

気合一閃。

有馬さんが叫んだかと思うと、ギャンッと犬が鳴くような声がして、ドサッと床に何かが落ちた音がした。

次の瞬間には、照明が一斉に点灯し、部屋の事態がつまびらかになった。

恐怖で膝から崩れ落ちている松山夫妻。

ベッドの上で気絶している結衣さん。

腰を抜かして立てない佐藤くん。

何かを投げた状態で微動だにしない有馬さん。

そして、ベッドの下に転がって動かない人がひとり。見ると、高校生くらいの男の子だ。

なるほど、話が見えてきた。

写真でしか容姿を拝見したことはないが、おそらくこれは杉田優斗くんだ。

「ま、これで一件落着じゃな。相手から出てきてくれて楽じゃったわい」

大きなため息をひとつ吐いて、有馬さんは床に腰を下ろした。

「ええ？　す、すみません、先生。いったいどういう……？」

まるで状況がわからないといった感じで、佐藤くんが問うた。

「じゃからな、とり憑かれていたのは、嬢ちゃんではなく、こっちの坊主だったということじゃ。最初は悪戯のつもりで嬢ちゃんを小窓から外に運び出して、一緒に写真を撮った親友じゃという娘の部屋に寝かせたんじゃな。ご丁寧に着替えまでさせて。それが段々とエスカレートしていって嬢ちゃんにとり憑いたように見せかけて嬢ちゃんを操り暴れさせ、父親に自損事故まで起こさせた。嬢ちゃん本人は体力的にはケロッとして記憶がなくて怯えるだけだが、周りの家族は疲弊していく。なんなら、その命奪うまで、あざ笑いながら質の悪い悪戯を続けるつもりじゃったのだろう」

「じゃあ、その遊びを邪魔されそうになったから、現れたってことですか?」

横から和彦さんが口を挟んできた。

「……左様。狐はな、頭がいいんだか悪いんだか、わかりゃせん。今回のように搦め手で人を害することもあれば、今みたいに猪突猛進で姿を現すこともある。さて、帰るかの。あぁ、報酬はあの宮司にでも渡しておいてくだされ。じきに取りにいく」

そういって、有馬さんは勉強机の上に落ちた大麻を拾い上げようとした。

「ママー、うるさいよぉ……」

そこにやって来たのは、奥さんが寝かしつけたといっていた悠真くんだった。

――瞬間。

目にも留まらぬ速さで、倒れていた杉田くんが悠真くんに飛び掛かった。

「危ないっ!」

腰を抜かして動けないはずの佐藤くんが、悠真くんを庇うようにして覆いかぶさった。

それでも杉田くんはお構いなしに佐藤くんに襲い掛かり、耳まで裂けたような大きな口で彼の頭に噛みついたのだ。

「ケーッ!」

が、有馬さんが聞いたこともないような発音で叫ぶと、手に取った大麻で杉田くんの背中を全身全霊で殴りつけた。何か巨大な動物が嘶いたような声だった。

再び床に倒れ込んだ杉田くんは今度こそ昏倒してピクリとも動かなくなってしまった。

一瞬、殺してしまったのかと焦って脈を確認すると、しっかり生きているのがわかった。

「すまんのう。隙を見せてしもうた。報酬は一割引いといてくれ。ほれ、佐藤くん、大丈夫か？　いい大人がそんなことで泣くな。傷は浅い。ほれ、帰るぞい」

有馬さんは、未だ腰を抜かしている佐藤くんを助け起こすと、松山夫妻に杉田くんのために救急車を呼ぶよう依頼をして、ギャン泣きする悠真くんの頭を一撫でして帰っていってしまった。

「ちょ、ちょっと有馬さん！　待ってください！　置いていかないでくださいよっ！」

私は呆然とする夫妻に一礼をして、彼らを追いかけた。

翌朝。

再び商店街を抜け、昭和時代を思わせる例のアパートに来ていた。

朝早いせいか、周囲には昨日来たときほど人の数は多くない。

取材の礼をいうのもそうだが、用事は帰り間際、松山夫妻に頼まれたものだ。

写真。

あの公園で写した写真だ。

結衣さんのスマホからはすべて削除したのだが、データーではない残った物理的な物の処分に困ってしまった。

そこで、預けるので有馬さんにお焚き上げなり何なりしてもらって安心したいのだという。

階段を上り、部屋の前に来て、軽くノックをした。

連絡もせずに来てしまったが、あれだけのことがあった後だ。

早朝のこんな時間には、疲れて寝ているはず。

と、ノックの反動で扉が開いた。元々頼りなかったがついに壊れたのか。

「ごめんください。こんな時間に失礼します。お届け物を……」

届けにきました、と台詞を飲み込んだ。

目の前には、ガランとした六畳一間の和室が広がっていた。

「……ん？」

部屋を間違えたかと上体を反らして部屋番号を確認するが、正しい。履き物も無ければ、部屋に散乱していた祈祷用の道具やどこの宗教のものともわからない札や像も無い。

玄関口に立ち、中を見回すが、台所も使った様子がなく、人の生活を感じられない。

慌てて外に出て電気メーターをまじまじと眺めたが、止まっていた。これが故障でないとすると、電気は来ていないことになる。

まるで、最初から誰もいなかったような空間だけがそこにあるだけだった。

たしかに、昨日嗅いだカビ臭さはなく、新築のような、い草の匂いだけが残っていた。

どうしたものかわからず、松山一家に有馬さんを紹介したという宮司に会うため、駅に向かって歩き始めた。

すると、駅前に頭を包帯でぐるぐる巻きにした見知った顔が歩いていた。

こちらには気づかず、コンビニに入るようだったのですぐに声をかけた。

「佐藤さん！」

彼は最初、まったく反応しなかったが、再びこちらが大声で呼びかけると、やっと振り向いてくれた。

「どうしたんスか？　こんな早くに」

「いや、今ちょっとアパートに行ったら誰もいなくて。いや、本当にもぬけの殻で」

「あぁ、そうッスか。いやぁ、あの人、本当にいなくなっちゃったんスね」

口調がおかしい。昨日会ったときは、もうちょっと丁寧にしゃべる人だったはず。

別人というなら納得もするが、顔も姿も佐藤くんだし、何より頭を怪我している。

「いえね、あれバイトなんンス」

「バイト?」

「ですです。日雇いの。あの人が募集してたんスよ。けっこうな時給で」

ニヤニヤと説明を続ける佐藤くんは、悪戯が成功した子どものように喜んでいる。

「あのアパートを訪ねてくる人、つまり貴方を騙すっていうのが仕事ッス」

「仕事……?」

もう鸚鵡返しに問い返すしか、反応ができなかった。

「そうッス。あの人を先生として、俺が弟子ッスね。で、いわれるままに手伝って、用が済んだらそこでお終い。あの晩、帰ったら給料渡されてそこで解散になったんスよ」

「はぁ……」

頭の中に様々なクエスチョンマークが浮かび、気の抜けた相槌を打つのがやっとだ。


「いやぁ、ドキドキしたッス! 絶対バレると思って。あの人は、自分の設定を途中で忘れて爺さん口調でベラベラしゃべっちゃうし、本当に変な事は起きるし、最悪、頭までホラ」

佐藤くんは、どんどん衝撃的なことを口にして、最後に自分の頭を指さした。

「あの人?」

「あぁ、それも説明しないと! あの晩、帰って解散するときに七、八人の男たちがやって来たんス。どうも引っ越し、っつーか夜逃げッスね。そのとき、男たちが有馬さんを呼ぶ名前がバラバラで、結局、『有馬』っつーのも偽名なんじゃないかって」

「…………」

もう何もいえなかった。

「だから、あそこに行っても、もう会えないッスよ。今の携帯番号だってすぐに使えなくなるって、あの人いってたッス。また誰かを通してアポ取り付けないと。俺も災難だったけど、治療費なんか気にならないほどのお金もらえたし」

「そう……ですか……」

ここまでくると、昨晩の出来事すら嘘のように思えてきた。

「あぁ、それと。俺も『佐藤』じゃないッス。それじゃ！」

彼は昨日渡した私の名刺を無理やり自分に手渡すと、ビシッと敬礼をして、コンビニに消えていった。

自分はその背中を見送ることしかできなかったが、有馬という実に面白い男に出会えたものだと嬉しさで震えていた。

「偽名なら、有馬さんではなく、本では有馬氏と書いたほうが、なんだかしっくりくるな」

なんだかそれが、とてもよいことのように思えた。


これが、有馬という男を私が本格的に知るきっかけとなった事件だ。

真似する少年と祓いの行き先

「あ、有馬さん！」

散乱した本の上で白目を剥き、仰け反る少年を指さし、叫ぶことしかできない。

どうしてこんな状況に追い込まれてしまったのか。疑問だけが頭の中をぐるぐると回っていた。

＊　＊

有馬氏と初めて会った日から十日ほど経った頃、電話がかかってきた。

スマートフォンのディスプレイを見ると、登録のない番号で、十一桁の数字が表示されているのみ。しかも、フリーダイヤルからではない。

きっと出版社の人間が会社の電話ではなく個人携帯から連絡を寄越したのだろうと勘繰り出てみると、それは『祓い屋　有馬　一』からの電話だった。

これから珍しい憑き物祓いをするから見物しにこないかという誘いであった。

当然、二つ返事で通話を終えると、ノートパソコン片手に有馬氏から告げられた場所へと向かった。

首都圏から電車で二時間。

結果的に正確な場所や町の名前は明かせないのだが仮に「石川町」としておく。

石川町は静かな田舎町である。人口は六〇〇〇人ほど。石川町に駅はなく、その中心街は隣町の在来線の駅から徒歩で二十分ほどの場所に位置している。

町の中心である商店街は、かつては活気に満ちていたが、現在はそのほとんどが閉店し、シャッター通りと化している。

石川町に小学校はひとつだけ。町の子どもたち全員がこの学校に通う。

地価は安く、引っ越してくる者も多いが、不便だといって出ていく者も多い。地元の人間にいわせれば、限界集落一歩手前のような町だという。


有馬氏に指定された石川町の隣町の駅で下りる。

駅舎を出ると、どこにでもある小さな町の風景があった。駅前には幾つもの自転車が乱雑に駐輪されている。有料の駐輪場もあるようだが、きっと短時間くらいなら、ここに停めて用事を済ますのが普通なのだろう。

しばらく歩いていくと、風景は住宅街へと変わった。昭和の頃に建てられた家が目立つが、その中にも真新しい家が混じる。

さらに進むと仁王門が見えてきた。そこをくぐり、参道を通って、境内を抜ける。

その後、曲がりくねった道を歩いていくと、より一層閑静な住宅街、石川町に辿り着いた。

その中の一軒が、有馬氏に来るよういわれた岩崎家である。町のメイン通りから少し離れた場所にあり、年季が入ったもののしっかりと手入れがされていた。

庭には大きな柿の木が立っており、まだ未熟な柿がひっそりと実っている。

家の脇には菜園が広がり、色とりどりの野菜が育っている。誰か、家庭菜園好きの家族でもいるのだろうかとしげしげと眺めた。


「ごめんください」

木製の重厚な引き戸を開けながら奥に向かって声を投げかけた。

鍵は常にかかってないからと告げられていたが、半信半疑であった。もっと本格的な田舎村、とくに隣の家と一〇〇メートル離れているような集落ならばわかるが、まだ住宅が密集しているこの町では、信じられないことである。

「おぉ、よくきたの」

どこかで襖の開く音がして、見知った者が姿を現した。

「有馬さん、ご自分のお家じゃないでしょう?」

有馬一。フリーの祓い屋だ。

深い紺色の袴に、白い法衣を纏い、襟元には黒い神職の装束特有の襟巻きが巻かれていた。

「まぁ、そうじゃがな。ほれ、さっそく話を進めるぞい。ついてくるんじゃ」

そういい終わる前に、踵を返しもときた廊下を戻っていく。

靴を脱いで上がり框を越えると、有馬氏の背中を追った。

通されたのは、応接間であった。一歩踏み入れると、まるで時間がゆっくりと流れるような感覚に包まれた。

床の間に掲げられた掛け軸と、その下に飾られた季節の花からは、家族の繊細な感性が垣間見える。

部屋の中央に低く置かれたテーブルは、家族が集う場所としての機能を果たしつつ、周りの座布団とともに落ち着いた雰囲気を醸し出している。

色褪せた和紙の壁は、家の年季を感じさせ、それが部屋全体に温かさをもたらしているのだと気がついた。

応接間には有馬氏と自分以外、四人。

部屋の中央に正座する少年は、その小さな手でテーブルに置かれた湯気を立てるカップをぎゅっと握っている。

少年の黒髪は少し長め。

その瞳は何かに追われるような焦燥感が隠せないでいる。

彼は色褪せたデニムのパンツと、白いTシャツを着ていた。そのシャツには、ホラー映画のキャラクターが描かれており、そのキャラクターの表情は彼自身とよく似ているように思えた。

部屋の一方の端に座る男性——彼の父親だろう——は黒髪を短く整え、眼鏡をかけている。表情は真剣で、手を組み、息子をじっと見つめている。グレーのジャケットに黒のネクタイ、その様子はまさにビジネスマンのそれだ。

一方、隣に座る女性、母親と思われる人物は、心配そうに息子を見つめている。髪はボブカットで、繊細な顔立ちからは優しさが滲み出ている。彼女の着ている淡い色のブラウスは清楚で、その柔らかさが母親らしさを引き立てていた。

そして、部屋の出入り口近くで有馬氏の横に並んで立っている、私には初対面の青年がひとり。おそらく今回の助手なのだ。後ほど、有馬氏から弟子であると説明されることだろう。

「今回のお弟子さんは工事現場からで?」

私は有馬氏に小声で茶化した。

「しっ、これから大地くんが事の顛末を話すんじゃやから」

タイミングが悪かったのか、有馬氏は少年のほうを見ながら私に黙るよう注意した。

一拍の沈黙を挟み、少年は話し始めた。

＊　＊

一週間前のことだった。

その日は、小学校が終わってから、誰とも遊ぶ約束をしていなかった。大地少年は、自分の部屋で過ごすことにしていたのだ。そこは勉強部屋というよりも、趣味のための部屋だった。

壁一面には様々なホラー映画のポスターや心霊番組のカットアウトが貼られており、大地少年の好みが如実に表れていた。それは彼の興味と情熱を物語る装飾の一部でしかなかった。

デスクにはノートパソコンとヘッドフォンが置かれ、いつでも自分の好きな世界に飛び込む準備ができている。

　オカルト雑誌を読み、ホラーゲームをプレイし、いろいろと遊ぶうちに、一階から母の声がしてきた。夕食の時間だ。

　階下に行こうと部屋を出ると、ミートソースの香りが家中を漂っているのがわかる。

　食卓につくと、すでに父が晩酌を始めていた。趣味に没頭していて気がつかなかったが、いつ帰ってきたのだろうか。

「学校はどうだ?」

「楽しいよ。テストは嫌いだけど」

　ありきたりなコミュニケーションに、これまた普通の回答を返す。

　台所からパスタが盛りつけられた皿を持った母がくる。

　あとは、毎日のように繰り返される日常の風景があるだけで、特段、変わったことはなく食事が終わった。

　母の食器洗いを手伝ったあと、歯磨きをし、風呂に入る。

　すべてのルーティンが終われば、寝るまでの時間、好きなだけ趣味に時間を費やせるというものだ。

　大地少年はノートパソコンを広げて立ち上げると、前から気になっていた、霊能者が自殺の名所と化している心霊スポットで除霊をするという企画の番組を見始めた。

　それがいけなかった。

　画面の中では、真っ暗な山道のような場所に照明を光らせ、何となく信用に足らない様子の、山伏風の衣装を身に纏った男が、狐にとり憑かれたという女性を正座させていた。

　男は背後から、拳銃を象った手の形を作り、一心不乱に九字を切る動作を展開していた。

「すげぇ……」

　一般的には、または心霊現象に対して懐疑的な人間であれば、こうした場面は演出や偽造と判断するだろう。

だが、この大地少年はむしろすべてを鵜呑みにする性格だった。

そして、番組の冒頭で四つん這いで涎を垂らしていた女性は、二足歩行に戻り、番組進行役のリポーターのインタビューに生き生きと応じていた。

「これだ！　これだったら俺にもできそう！」

少年が思い込むのに、そう時間はかからなかった。


翌朝、登校するとホームルーム前に、廊下で友達の中村良輔の姿を見つけた。

良輔は隣のクラスだが、クラス替えをする前は同級生で、しかも近所に住んでいることから、今でもなお、お互いの家で遊ぶ仲だ。

その友達が、真っ青な顔をしてこちらに歩いてきていたのだ。

「おはよう、リョウ！　どうした？　すっごく具合悪そうに見えるんだけど」

良輔は内気な性格だが、打ち解けるとなかなかにひょうきんで、面白い話をするのだ。みんなからは『リョウ』と親しみを込めて呼ばれていた。

「……ん？　あぁ、お前か、おはよ」

いつもなら、テンションを上げて明るく挨拶を返してくれるのだがこのときは違った。目線を落とし、話しかけてくれた友人に見向きもせず、ボソリ。

「おいおい、本当に大丈夫か？　っていうか、こっち向けよ。いや、こっち見ろって。そうそう。なあ、保健室行けよ。今、ぶっ倒れても不思議じゃないって顔してるぞ」

「そうかぁ？　まぁ、そうだよなぁ……」

リョウは、右手を左肩に持ってくると、首をゴリゴリと回した。

「うわ、なんかオッサンみてぇ。なんだ？　寝不足か？」

「……いや……」

「なんだよ、ホントどうした？」

「あー…………」

リョウは、中空を見つめたまま、首を何度か傾げるだけで、黙ってしまった。

「ちょ、おい！　もうホームルーム始まるから、いったん教室に入れ、な？　この続きは放課後一緒に帰りながらで。な？　あぁ、もう歩けってば！」

背中を押され、どうにか自分のクラスに入ったリョウであったが、リョウの同級生たちにその後の様子を聞くと、最後の授業が終わるまでほぼ上の空で、先生が叱っても無反応だったという。

放課後になり、大地少年はリョウのクラスまで迎えにいった。

「一緒に帰ろうぜー。あれ？　まだランドセルも背負ってないの？　仕方ねぇな、ほら」

どうにか帰り支度まで面倒をみて、ふたりは家路についた。

「それでさ、なんでそんなに真っ青なんだよ。いつ死んでもおかしくないって感じで、正直、怖いぞ」

「んー……」

あれこれ、訊き方を変えて尋ねてみたりするものの、どうにも反応が悪い。

ポツリと話しては黙り、またポツリ。

帰り道の二十分間、どうにかして聞き出したリョウの現状は、大地少年を喜ばせるには十分の内容だった。

というのも、リョウはつい最近、家の法事で石川町から車で二時間の距離にある菩提寺に家族で赴いた。そのとき、坊主の読経があまりにつまらなかったので、親戚の子らと途中で抜け出し一緒に近所を探検したのだという。

そのとき見つけた廃墟でかくれんぼをした際に、小さな狐の石像を倒して壊してしまったそうだ。

それから、ずっと夢見が悪い、夢の中で狐が睨みつけてきて、すぐに起きてしまう。

「それで、なんかもうずっとだるくて……」

リョウは話を締めくくると、また黙り込んでしまった。

それを聞いた大地少年は不謹慎ではあるが、小躍りしたいくらいに喜んでいた。

ピンときたのだ。

どう考えても、お稲荷様の祟り。

きっと、その廃墟は廃れた空き地ではなく、廃神社だった可能性が高い。

鳥居も拝殿もなくなってしまっていて、石で作られた稲荷様だけが残っていた。そこに足を踏み入れ、像を壊してしまったというなら、頷ける。

「俺にいい考えがあるから、家に寄っていけよ」

そのときの自分は、きっと爛々とした目でリョウを実験動物のようにしか見ていなかっただろうと、大地少年は後になって振り返った。

大地が引き戸を開けると、家の中はいつもより静けさを纏っていた。

家事とパートタイムの仕事をこなす母親は、この時間には必ずといっていいほど外出していた。地元の小さなスーパーマーケットでの仕事を午後から始め、ちょうど夕食の準備に戻る前の時間帯には家を空けている。

父親もまた、この時間帯には家にはいなかった。地元の中堅企業で働く彼は、一家の生計を支えるために、日々職場に出向いていた。彼が手に入れた中古の古い日本家屋は、彼の帰宅を待つ静かな空間となっていた。

「ただいまー」

「おじゃま……します」

ふたりは玄関で靴を脱ぐと、鍵っ子である大地少年の子ども部屋に入った。

大地少年は自分の机に、リョウはいつも遊びにきたときと同様に部屋のベッドに腰かけた。

「……で?」

寝不足の疲れからか、とろんとした眼差しでこの後どうするのかと問うてくるリョウに、大地少年は昨晩見た除霊の番組をまずは見てもらった。

「な？　たぶん、お前、狐憑きになっちゃってるんだよ。だから、俺がこれからこんな感じでお祓いしてやるから、任せろ」

見終わったリョウは明らかに不機嫌になった。

「大地さぁ、なんでちょうしわるいっていってるのに、こんなのみせるの？　よけい、きぶんが……」

彼の声はふらつき、目はうつろだった。

「いいから、まかせろって！　じゃあ、こっちに来て座れよ。そう、そこ。部屋の真ん中、そこだよ。ハハ、それ胡坐じゃないか。違うってば、それ体育座りだよ。聞いてる？　正座。そう、そのとおり、正座っていってるんだよ」

そして、大地少年は友人を床に正座させると、彼の背後に静かに移動した。

昨晩の番組で見た怪しげな山伏の姿を思い出しながら、彼は集中力を高めた。

いや、高めた気になっていた。

その後、力強く声を上げ、手を拳銃の形に固定し、友人の背に向かって『〆』の字を繰り返し描いた。

それがどれくらい続いた頃か。

大地少年の額に、うっすらと汗が滲み始めた。

まだ外は暑く、室内のエアコンが稼働しているにもかかわらず。

「ふう……こんなもんかな。あの人の倍くらいの時間やったたし、完璧だ」

大地少年は、汗を拭いながら、背を向けたリョウに静かに声をかけた。

「もう安心しろ。きっとすっきりしたんじゃないかな？　な？」

友達の肩を軽く揺すった。

――ぐらり……。

その瞬間、リョウの体は遅々として傾き、まるで人形のように正座したまま畳に転がった。

「……え？」

驚いた大地少年は倒れたリョウの前に回り、今度は強く肩を揺さぶった。

「お、おい！　大丈夫か？」

同時にリョウの顔を覗き込むが、一瞬で後ずさった。突如としてリョウから低い唸り声が湧き出したからだ。

「うう……がうぅぅぅぐぅぅぅ！」

まるで獣が牙を剥き出し、目を見開いて威嚇するかのような恐ろしい表情を彼は浮かべた。

その恐怖をさらに増幅させるかのように、彼の目から通常の白目が消え、真っ黒な眼球だけが露わになっていた。

「うわぁぁぁぁっ！」

驚きのあまり声すら出せなかった大地少年であったが、今度こそ絶叫を上げて自室を飛び出した。

「きゅ、救急車！　救急車ぁ！」

友人の異常を目の当たりにして、子どもが発想できることなど、それくらいのものであった。

細い木製の階段を駆け下りる。廊下を曲がり、リビングにある据え置き電話の受話器を取って番号を押そうとするが、震えが先にきてなかなか思うようにダイヤルできない。

あとからわかることだが、大地少年はこのとき、よほど取り乱していたのか、受話器を上げるまで身体中を壁や階段や柱の角にぶつけていて、ところどころ痣だらけで、肘は擦り剥き血が出ていた。

＊　＊

広い応接間は静まり返っていた。

事実、室温が下がったような気さえする。

誰も発言しない。

その場にいるお互いが、自分ではない誰かが何か言葉を発するのではないかと、視線だけを忙しなく自分以外に向ける。

話し終わった大地少年はしばらく黙ると、嗚咽を漏らし始めた。

そこで静寂が破られた。

時折、謝罪の言葉を口にするが、誰に謝っているのかわからない。迷惑をかけた自分の両親か、入院に追いやってしまった友達か、それともその友達の両親か。

「ということで、これからそのリョウという子の除霊をしにいくんじゃ」

「え？　だったらその子の家に直で行ったらよくないすか？」

有馬氏の隣に立つ助手らしい青年が驚いた顔で突っ込んだ。

「いやいや、ちゃんと現場を見ておきたくてのう。なにせ失敗できん。こちらの家からもうけっこうな報酬もらっとるし、そのリョウくんのご両親からも報酬積まれとるからの」

「了解す」

「じゃあ、竹田くんは先にリョウくんの家へ行って、親御さんに事情を話して準備しておいてくれんかの。さっき教えたとおりで十分じゃと思う」

「了解す」

若い茶髪の青年の竹田は、簡潔な返事をすると、応接間から足早に立ち去った。足音が廊下を響き渡り、やがて遠くの引き戸が開く様子が耳に届いた。

有馬氏の命令に従い、彼はリョウくんの家へと向かったことだろう。

「じゃあ、我々は大地くんの部屋を一度見せてもらってから参ろうかの。よいかな？　ご両親」

「ええ、わかりました。これは息子のせいですから、どこでもお見せします」

緊張した声で父親が答えた。

「何卒、よろしくお願い申し上げます」

続けざまに、隣に座る母親が敬意を込めて深々と頭を下げた。

部屋の扉が開くと、微かな異様さが漂っていた。

『霊感はないが、ホテルの部屋に入ると、なんとなく嫌な気がする』という気持ちとよく似ている。

学習用品がちょっとした混乱を生んでいて、普段から勉強していないのは明らか。

しかし、一瞥を投げれば、壁と天井がどこか不思議な雰囲気を醸し出していることに気づく。

それは、何十枚ものポスターたちが微妙なバランスで組み合わさって生み出す特異な風景だった。

「ほう……」

有馬氏がぐるりと部屋の中を見回して、感心したように声を出した。

「何かわかりますか?」

有馬氏は、ただ静かに掌をこちらに差し出した。

静かに待つようにという意味だった。

険しい顔で天井を仰ぎ見て視線を這わせたり、床や壁を探るように触れ、その感覚を確認しつつ、何かを呟いていた。

そのとき、部屋の半開きだった扉がわずかに開き、大地少年の涙ぐんだ顔が覗いた。

「あの……お父さんとお母さんが、ここに行ってもいいって……」

彼は躊躇いつつもそういった。さらに扉の向こうから、彼の両親が心配そうな表情で有馬氏の様子を窺っていた。

「おぉ、ちょうどよいところにきおった。こっちきて、おぬしが見ていたという番組を見せてはくれまいかの?」

有馬氏はそれまでの硬い表情を柔らかく変え、大地少年に向き直ると、目線を彼に合わせるように少しだけ姿勢を低くして尋ねた。

「え……」

大地少年は戸惑いを見せた。一度、自分の両親に振り返る。すると、父も母もゆっくりと頷いた。

「その机の上のノートパソコンで見ていたんです。これをこうして……」

大地少年は慣れた手つきで動画配信の画面を表示させると、履歴を辿って問題の番組を映し出した。

画面には、神妙な面持ちで自分たちがどこにいるかを説明するリポーターが登場し、霊能者だという山伏のような男が大写しになっていた。

しばらくすると、ADらしき男性ふたりに脇を抱えられた、動物霊に憑依されたという触れ込みの女性にカメラが向けられた。その後、誰の目にも明らかなくらい、いい加減な祈祷が始まり……。

「駄目じゃな、これ」

「どの辺がですか？」

隣に立ち、有馬氏と同じように画面に注目していた私は、彼の声に問い返した。

「全部じゃ。この娘が本当に憑かれていたとして、娘の扱い方が悪い。この場所はたしかに心霊スポットじゃが、そこを除霊場所に選ぶのも意味がわからんし、そもそもこの祈祷だかなんだかしらんが所作が本当になっとらん」

視線は画面そのままに、苦い顔をして説明する有馬氏は怒り心頭といった感じだった。

「あの……何かわかりましたか？」

大地少年の父が廊下から状況を確認してきた。

「そうじゃなぁ。まあ、これはやらせ番組というやつじゃな。心霊スポットだというのは本当じゃ。じゃが、この娘には何の霊もとり憑いとりゃせん」

有馬氏は、皮肉っぽい笑顔を浮かべると、鬚を撫でつつ返答した。

「では、番組を真似して大地がリョウくんにしたことはまったく無意味だったということですか？　それならリョウくんがあんなことになった責任はないですよね？」

有馬氏の説明に被せた形で、今にも泣きそうな顔で聞き返してきたのは大地少年の母だった。

「いやいや、逆にそれが問題じゃ。これ、霊を追い払っとるんじゃなく、この娘に入れてしもうとる。見る人間が見ればすぐわかるぞい」

「え！」

その場にいた全員が驚きの声を上げた。

「この番組は何を参考にしたかしらんが、除霊術ではなく降霊術の一種じゃよ。つまり、リョウくんは今……」

有馬氏は大地少年とご両親をおいて家を飛び出し、中村良輔、通称リョウの家に向かった。もちろん私もその後を追った。

その家は、この一帯の町並みから、少しずれたような家構えだった。コンクリート打ちっぱなしの外壁に、ツタが這い放題の立方体。ひび割れたルービックキューブを連想させた。

思わず、「これ、人住んでるのか?」と疑問が口を衝いて出るほど、不思議な光景だった。

極端に古いわけではない。ただ、暖かみを感じさせないコンクリートと、侵入者を拒むようなツタが、人の気配を感じさせないだけだ。

その手前にはわりと広い庭がある。

小径に足を踏み入れたとき、サッカーボールが転がっているのが目に入った。なんとなく、まだ会ってもいないリョウという少年は運動が好きなのではないかと想像した。

キューブの前に立ち、深い息を吸い込む。

この建物が、今は何か違う存在に支配されているかのような気がしてならない。勝手な想像で鳥肌が立った。

チャイムを鳴らす。

中から出てきたのは、弟子という触れ込みの竹田であった。

先に到着していた竹田が玄関で我々を出迎えた。

「いわれたとおり、両親は近くの公園に避難してもらってるす。じゃあ、こっちす」

促されて入ると、目に入ったのは狭い廊下だった。

その先には、外観と同じように冷たい印象のリビングルームが広がっていた。スチール製の家具、和洋折衷の装飾、それにおそらくは母親の手が加えられたディテールの数々。

「準備は終わってるす」と竹田は短く伝え、有馬氏はただ頷いた。

竹田が先に立って、静かな廊下を進み、ある扉の前で止まる。竹田がゆっくりと扉を開けると、その先は真っ暗だった。

リョウの部屋だ。

しかし、扉が開いたことにより廊下の灯りが透けて入り、その部屋が普通の少年の部屋とはかけ離れたものであることが明らかとなった。

部屋は雨戸が閉められ閉ざされていた。

扉から差し込むわずかな光の下、ベッドの上に横たわる少年の姿がくっきりと浮かび上がる。周囲には本や学用品、サッカーボールが散乱していた。

長過ぎる袖が後ろ手に縛られ、拘束具が彼の腕を動かせないようにしていた。そしてさらに、彼の身体はベッドにしっかりと縛り付けられており、まるで野獣を制御するかのようだった。

彼の口からは低い唸り声が漏れ出ており、唇からは涎が垂れ落ちていた。薄暗い中でも黒く光る目つきは明らかに人間のそれではなく、部屋に入ろうとしている者たちを威嚇していた。

その異様な姿はあまりにも非日常だった。

「これは……？」

思わず問うた。

「さっきもいうたように、何かに入られておる。救急車に乗せようとしただけで、救急隊員がひとり、噛まれて大怪我を負ったそうな。病院に行っても原因がわからず暴れるだけ暴れて家に帰されてしまったのだと。当然じゃ。今のこの子に、この子の意識などありゃあせん」

有馬氏はベッドの前に置かれた何か丸い石のようなものや、お札を並べ直していく。

病院が一度受け入れた患者を、今わの際でもないのに帰すことなどあるのか疑問に思った。

これは後になってわかったことだが、病室に入っても物を壊すリョウを見て、弁償を恐れた両親が引き取りを申し出たということだった。

途中、後ろに立つ竹田を呼び寄せ、彼の持つバッグから小皿や米を受け取り、それを盛り付けた。

最後に懐から取り出した未開封の日本酒の小瓶をそれらの真ん中に置いた。

「準備はできてるっていってませんでしたか？」

「『準備』はできていたが、『用意』はまだじゃったということじゃや。実際にどんな憑かれ方をしとるのか見んと供物の並べ方もわからんし、供物の種類だって変わるしの。ちなみに、どうせ聞かれると思うからいうとくが、これは簡易祭壇じゃ。神社じゃ絶対にやらん。外法みたいなものじゃから、決して細かく書き留めてはいかんぞ？」

有馬氏は並べられた道具を指さしながら説明してくれた。

「わ、わかりました。で、やはり狐、ですか？」

私は目の前の怪異に興奮し、身を乗り出すように問うた。

「や。一般的に狐憑きというだけで、その実、何が憑いとるかは様々じゃな。よくよく見れば憑き物ではなく単に精神疾患のひとつだった、などということもある。今回の場合は犬……といったところじゃろう」

「犬？」

鸚鵡返しにつぶやく。

「あれだけ唸って、涎を垂らし、人を噛んでりゃの。まあ、ほかにフェレットやいたち、テンやオコジョなども浮遊霊としているからの。イヌ科の括りであれば、狐の線も十分にあり得る」

「そうなんですか？」

私は呆れたのか感心したのか自分でもわからない声を出す。

「とにかく、そこで見ておれ」

有馬氏はにやりと笑うと、神職としての儀式を始めるために立ち位置を整え、音を立てることなく床に座ると、祝詞を唱え始めた。

その声は部屋の中で反響していた。

それに対して、リョウの唸り声は、ひとつの不協和音として響いている。

祝詞が奏でられるにつれて、リョウの唸り声は強くなり、その身体は拘束着とベッドの縄に引っかかりながら苦しそうに身をよじった。

唸り声は絶望的なものとなり、痛みがあるのか、苦痛の表情を浮かべるリョウ。見ているとこっちまで表情がつられた。

しかし、祝詞が進むにつれ、リョウの唸り声はだんだんと弱まってきた。まるで何か強大な力に抑え込まれているようだった。また、動きも次第に鈍くなった。

最後に、祝詞が終わりに近づくと、リョウの唸り声はほとんど消え、苦しみの表情も和らいでいった。

祝詞が終わった瞬間、彼はぐったりとして、動かなくなった。

静寂が戻り、部屋には姿勢を正す有馬氏の衣擦れの音だけがかすかに聞こえてくるのみだった。

有馬氏は祈りを終え、立ち上がった。

深々と何もない空間に向かって頭を下げた後、ゆっくりと直立し、顔を上げた。

その額には、珠のような汗が浮かんでいた。

「こんなもんじゃろ」

彼は淡々と述べた。

声は静かだが、そこには確信があった。

「終わりですか？」

私は声を震わせながら尋ねた。いつの間にかかいていた自身の汗を指で拭いながら、有馬氏の視線を探る。

有馬氏は静かに頷き、片手を袖口に持っていき、汗を拭いた。

「ここは、な」

そう言葉を切り出し、並べてあった日本酒の小瓶を持ち上げて開封し、ぐびりと飲み干した。

その言葉に、自分でも目を見開くのがわかった。

「ここは？　じゃあ、まだ何かあるんですか？」

移動しようとする有馬氏を追いかけた。

有馬氏は、ほっと一息つきつつも目を鋭く細め、部屋を見回した。

そして竹田に視線を向けた。

「竹田くん、わしらは岩崎家に戻るのでここの後始末は任せるぞい」

竹田は頷き、「了解す」と短く答えた。

「え？　いいんですか？　リョウくん、あんなにぐったりして大丈夫なんですか？」

立ち去ろうとする有馬氏の背中に問いかける。

「もう不浄な何かは彼の中におらんよ。本人にとっては長く寝ていただけで、何も覚えとりゃせん。そのうち目を覚ますじゃろう。まぁ、本人の意識がないだけ不幸中の幸いじゃ。人肉食った記憶なんて持ちとうないじゃろ」

それを聞いて、背中にじわりと冷たい汗が滲むのがわかった。救急隊員が噛まれて大怪我したというのは、そういうことだったのだろう。


夕焼けの残照がゆっくりと闇に飲まれていく中、中村家を後にした有馬氏は、静まり返った町中を進み、再び岩崎家へと足を運んだ。

一通り挨拶を交わした後、有馬氏は大地少年に、自分の部屋にあとから来るように伝えた。

それから有馬氏は大地少年の部屋へと向かった。

有馬氏について中に入ると、扉を閉めるように指示された。部屋にはふたりきり。

会話のなかった有馬氏に遠慮してここまで無言だったが、ついに疑問を口にした。

「あの、なぜこの部屋に戻ってきたんですか？」

私は彼に問いかけた。

「わしはフリーの祓い屋じゃから、神事とは違うことをいうかもしれん。それを踏まえたうえで聞いてほしい」

有馬氏は真剣な表情を私に向けた。

「まず、お祓いというものは、祝詞でもって神様に降臨いただくものじゃ。その神様に直接の言葉でお願いをする。つまり、今回の場合はリョウくんにとり憑いた何かを祓ってほしい、という願いじゃ。ここまでよいかの？」

黙って頷いた。

「うむ。そして、お祓いとは払うこと。仏教と違い、成仏させるわけではないのじゃよ」

「つまり、どこか別の場所に追っ払う、ということですか？」

「さよう。リョウくんに憑いているモノは祓った。それがどこに行ったかは、この事件の発端である場所、つまりここでしか探す仕組みを作れんのじゃ」

そんなものなのだろうか、と思っていると、不意に部屋の扉が開いた。

「すみません、来ました」

大地少年である。

「おぉ、つらいところすまんの」

「いえ、俺が悪いんで」

大地少年は目を落とした。

「実はの、ちょっとここに」

そういいつつ、有馬氏が懐から取り出したのは、何重にも折り畳まれた石川町の地図であった。

「血を一滴、垂らしてほしいんじゃ。なに、針でチクッと一刺しするくらいじゃ」

「……………それで僕が役に立てるんですか？」

大地少年は少し考えたあと、自分の非を正す決意として有馬氏の指示に従った。

床に広げられた地図。

それを囲むように座る、有馬氏、大地少年、そして自分。

有馬氏が指さしたのは、大地少年の自宅であった。

その上に血を一滴垂らすのだ。

有馬氏が差し出した針を大地少年は受け取り、いわれたとおりに右手の親指の腹を刺した。赤い水玉が、ぷくりと出来上がる。

手を傾けると、血が地図の上に垂れた。

「あれ?」

声を上げたのは、大地少年だった。

紙でできた地図の上に落ちた血は、そのまま滲むのかと思いきや、フッ素加工したフライパンの上に垂らした油のように、一滴の玉となり、ゆっくりと転がり始めたのである。

そして、三人が見守る中、ぴたりと止まった。

「ここは?」

有馬氏が短く大地少年に問う。

「石井の家です」

「石井? お友達かの?」

「あ、はい。えっと、そう、です。石井一馬っていって、同級生でクラスの」

「あいわかった。今頃、石井家が大変なことになっとるじゃろう。急ぐぞ」

人気者です、と大地少年は続けようとしたが、有馬氏はそれを遮り、地図を丁寧に畳んで懐にしまい、部屋を出ていってしまった。

老人ともいっていい有馬氏を追いかけるのが、こんなに困難だとは思わなかった。

地図を参考に、石井家に着いた頃には、すでに夜が訪れていた。

石井一馬の家は、樹木が立ち並ぶ静かな住宅街にひっそりと佇む、落ち着いた風貌の一戸建てだ。二階建てのこの家は、自然の風合いを活かした木材と、落ち着いた色調の塗装で全体が覆われている。敷地には広々とした芝生の庭が広がり、中央には子どもたちが遊ぶための木製の遊具が配置されている。

家の前面には大きな窓がいくつも開けられ、晴れた昼間なら、さぞ日光が気持ちよいことだろう。夕食時には家の窓から暖かい光が漏れ出し、一家の穏やかな生活が垣間見えるはずだ。

ふたりで石井一馬の家を見上げたときだった。

ガラスの割れる耳障りな音とともに、閉じている二階の出窓から椅子が投げ捨てられた。

次の瞬間には、有馬氏は走り出していた。

玄関のドアノブに手をかける。鍵は開いていた。

「大丈夫かっ⁉」

有馬氏が土足で玄関に上がり、二階に向かって大声で問いかけると、上から男性の悲鳴が家全体に響き渡った。

同時に、二階へと駆け上がる。

二階の廊下に出ると、ひとつの扉が開け放たれていて、ちょうど腰を抜かした白シャツに白のステテコ姿の男性が這い出てくるところだった。

「おい！」

有馬氏が駆け寄る。男性の肩に手を添え、どうした、と問いながら部屋の中に視線を送った。

そこには、四つん這いで歯を剥き出しに低く唸る少年がいた。

状況とは裏腹に、彼はベージュのフリースのパジャマに身を包んでいた。下半身も同じくベージュのスウェットパンツで、足元にはもこもことしたスリッパがぴったりとフィットしていた。

おそらく、大地少年から聞いた一馬というのは、この子のことだろう。

部屋の中は、まるで台風が通り過ぎた後のように壊滅的な状態だった。

ハードカバーの本が床一面に無秩序に散乱し、その間からカラフルなゲームケースが突き出ていた。

ベッドはもはや二度と使えないほどに荒らされ、布団カバーやシーツは無残にも引き裂かれ、ふわふわした綿が周囲に散乱していた。

壁に掛けられていたポスターや壁飾りも引き裂かれ、破片が床に撒かれていた。壁紙はところどころ剥がされ、白い壁が中から見えている。

事態に唖然としていると、ひと吠えした一馬が有馬氏に襲い掛かってきた。

「けええいぃ！」

その瞬間、有馬氏は慌てることなく、懐から何か紙のようなものを取り出すと、気合一閃、一馬の額にそれを貼り付けた。

と、不思議なことに、一馬は襲うのをやめ、ぴたりと直立姿勢になった。

「もうこのまま祓うぞ」

有馬氏は少年の後ろに回り、両手で彼の両肩を掴んだ。すぐに、岩崎家で聞いたような祝詞が有馬氏の口から流れ始めた。

しばらくして、奏上が止まる。

今度は少年の前に戻り、額の貼り紙をビリリと破いて剥がしてみせた。

「そのキョンシーを封じるみたいな札は何ですか?」

ひと段落終えたのだろうと思い、聞いてみる。

「似たようなものじゃ。あれは、死者向け。これは生者向けとでも思うておけ」

「へぇ、神道にもそんなのがあるんですね」

感心したような雰囲気で、それ以上のことを訊き出そうとすると、有馬氏は苦い顔をした。

「いや、ない。これはあくまでも邪道じゃ。神職なら大学時代からしっかりとした教育を受けて、正式な所作で物事に当たる。しかし、わしは神社との関わりを自分から断ってしまったからの、そこに縛られはしないのじゃよ。目的さえ達成できれば手段は選ばん」

「なんでもアリなら、いろいろと楽ですね」

というと、有馬氏はさらに苦い顔を見せた。

「まあ、そうじゃが、もう神職とは公式に認められておらん。いわば、神社とは縁が切れてしもうとる状態じゃ。そういう意味では、神社本庁から支援を得られないのがデメリットじゃな。そして真面目な神社ほどわしによい顔はせん。縁は大切じゃぞ」

フリーになるということは、困難も付き纏うということらしい。

「ま、それよりも」

有馬氏は廊下でいまだ腰を抜かしている男性に向き直った。

「処置は済ませた。もう安心じゃ。わしらは岩崎家に雇われた者じゃ。お子さんがこうなった経緯を話してもらえるかの？」

その問いかけに、こくこくと何度も頷く男性。

「こ、こ、こ、こちらへどうぞ」

まだ、震えが止まらないのか、それとも極度の人見知りなのか、とにかく有馬氏は一階の応接間に通された。


応接間は、落ち着いたトーンのモダンな家具で統一されていた。大きな窓からは豊かな緑が覗き、照明によって、まるで絵画のように幻想的に浮かび上がっていた。

ソファと向かい合う形に配置されたテレビは、壁一面を覆う大きさで、普段は家族が集まって映画を楽しんだり、子どもたちがゲームをする姿が容易に想像できた。

壁面には家族の写真が飾られ、それぞれの笑顔が幸せな家庭生活を物語っている。中央のテーブルにはフレッシュな花が置かれていて、その香りが空間に上品な香りを添えている。

父親と思われる男性はテレビを背に、有馬氏は対面のソファに座り話が始まった。

「いきなりだったんです」

「ほう？」

「ええ、今夜は家内と下の娘は外食したいということで駅前まで出ていて、私と息子のふたりだけが家にいました。夕食をどうするか聞こうと息子の部屋の前までいくと、中から聞いたこともないような唸り声がして。あ、いえ、ペットはいません」

「で、慌てて部屋に入ったら飛び掛かられたということじゃな？」

「突然襲い掛かってきたので、私は驚いて腰を抜かしてしまいました。それでも何とか抵抗しようとしたのですが、息子の力は予想をはるかに超えていて、どうにもなりませんでした。でも、幸いなことに、廊下に逃げ出したところで、おふたりに出会ったのです」

「なるほど。念を押して尋ねるが、ご子息が狂暴になる前の予兆みたいなものはなかったのじゃな？」

「はい。一時間ほど前に家内と娘を玄関先で見送るまでは一緒だったので、そのときは変わったことはありませんでした。その後は、ずっと部屋にひとりでいたはずなので、わかりませんが」

「ふーむ……こりゃ厄介じゃな。ま、それでもここは済んだか。もう一度、岩崎家に戻るぞ」

有馬氏は立ち上がり、家から出ていこうとした。

「あの、一馬は大丈夫なんでしょうか？」

「また変になることはないと思うがの。どうしても心配じゃというなら、ほれ」

有馬氏は、懐から一枚の名刺を取り出すと、一馬の父に差し出した。

「これは？」

「わしが懇意にしておる宮司のものじゃ。由緒ある大きな神社の主宰者じゃ。それを持ってわしの名を出せば、何でも相談に乗ってくれると思うぞ」

「ありがとうございます」

父親が深く頭を下げるのを見届けると、それでは、と有馬氏は応接間から出て、家を後にした。


石井家の玄関を出て、疑問を口にせずにはいられなかった。

「いったい何が起きているんですか？」

「今は急ぐんじゃがの。まあ、よいか」

有馬氏は立ち止まり、少し頭を傾げると思索し出した。そして深いため息をつき、説明を始めた。

「まず、リョウくんが稲荷像を壊して具合が悪くなったのは、いわゆるノセボ効果というヤツじゃ。廃墟で稲荷像を壊してしまったから、祟られるかもしれない、きっと祟られてしまう、絶対に祟られると、だんだんと思い込みが不安によって強くなる。だから、狐が夢に出てきたし、体調も悪くなった。それに対して、大地少年の真似たあれは一種の呪いじゃ。近くの浮遊霊、今回の場合は動物霊じゃな、それを対象に封じ込めるというな。その被害者がリョウくんじゃった」

有馬氏は手を振って見せ、指先が描く空間はまるで霊が浮遊する場を示しているかのようだった。

私は理解したという意思表示として大きく頷いて見せる。

「先ほどもいうたが、お祓いは払うのが目的じゃから、とり憑かれた者は助かるが、根本的な霊はどこか別の場所に行くんじゃ」

有馬氏は振っていた手で、あさっての方向を指さした。

「どこかってどこですか？」

「先ほど『縁は大切じゃぞ』といったが、縁じゃよ、縁。普通は、どこか心霊スポットなどへ行ってとり憑かれる。そこには縁がないから、祓ったところで、また浮遊する霊に戻るだけじゃ。じゃが、今回の場合は呪いじゃ。言葉は正確ではないが、おぬしにわかりやすくいうなら、大地くんの友達を依り代として憑いてしもうとるな」

有馬氏は外灯の下へ移動すると、懐から地図を取り出し、ゆっくりと地面の上に広げた。

「さて、そこで再び大地くんの部屋で彼の血を乗せて作った地図の出番じゃ」

見ると、大事そうに畳まれた地図の折り目には一滴の血がまだ残っていた。

「これで、次は誰の家に行くかわかるぞい」

大地少年の家の上にあった血液がゆっくりと、次の家へと向かって転がっていく。

有馬氏は不適な笑みを浮かべた。

それからは、流れ作業のように、地図で呪いの場所を特定し、家に入り、除霊を行った。

すでに危害を加えられている家族もいたが、どれも軽症にとどまった。事は急を要すると言い張り、説明は後だとして、居合わせた家族たちに聞きたいことだけ聞いていく。

岡田雅志、森本花音、川上大輔、吉田美咲、小林信也、山口健太。

どの子の親も口をそろえて岩崎大地とは仲がよく、校内なり放課後なり、お互いに遊ぶ行き来をしていたという。

「やはり縁か……」

そうつぶやいた有馬氏が印象的だった。

山口健太の家を出てから、外灯のもとで地図を広げる。今までなら、大地少年の家を起点として、次の家に移動していくのを見守っていたが、今回は血液は大地少年の家から動くことはなかった。

「これで解決ですね」

血液が動かないというなら、有馬氏のいう、移動する依り代はないということだ。私は安心しきった緊張感のない声で有馬氏に問うた。

「何をいっとるんじゃ？　これからが本番じゃよ。ほれ、行くぞ」

そのときの有馬氏の顔は、これまでにないほど強張ったものであった。

有馬氏について着いた先はもちろん岩崎家。彼はその場から少し離れ、大地少年の自宅を見上げた。

目の前に広がる二階建ての家を細かく観察するように、彼の視線は一階から二階へと上がり、各窓を順番に見つめた。

目尻には皺が刻まれ、深い集中力が窺える。それはまるで、見えない何かを読み取ろうとしているかのようだった。

「あの、これからどうするんですか？　すぐ中に入ると思っていたのですが」

集中しているところ悪いとは思ったが、焦れて、有馬氏に声をかけた。

「かけた呪いはどうなると思う？」

有馬氏は視線をそのままに逆に問いかけてきた。

「かけられた相手がどうにかなれば目的達成で消えるんじゃないですか？」

当たり前のことだ。対象が死んでしまえば、もう意味はなくなる。

「ふむ……では、呪いという言葉を使ったことわざを何か知っとるかの？」

空を見上げ、鬚を撫でつけながら質問を重ねた。

「…………あ！」

「そうじゃ、人を呪わば穴二つ。本来は、他人に対して悪意を持つ行動をすると、結果として自分自身にも悪影響が及ぶ、という意味じゃ。だが、今回は別じゃ」

彼は話しながら玄関のインターフォンを押した。

たしか、鍵は開いているはずだ。

「応答がない……ですね」

「こりゃもう手遅れかの」

有馬氏が土足で中に進入する。

リビングは荒れ放題で、取り壊す予定で業者が入ったのかと思う。

ソファやテーブルがひっくり返され、本や飾り物が散乱していた。心地よい匂いが漂っていたはずのリビングからは埃の臭いが鼻を突いた。

そんなリビングの中央に、三つの人間の形が無様に倒れていた。

ひとつは岩崎家の父親、力強い肩と大きな体格が特徴で、普段ならば頼りになるはずのその姿は、今はただひたすらに無力さを醸し出していた。

次に目を向けると、母親の倒れた姿がそこにあった。柔和な母親の顔には、理解不能な事態に見舞われた悲痛な表情が残されていた。

そして、もうひとつ、竹田直人の姿がそこにあった。様々な活動に打ち込む青年特有の筋肉質な体格と、普段は明るく温かい眼差しを持つ彼の姿が、無残にもリビングの床に打ちつけられていた。

竹田の顔は苦痛に歪んでおり、その手からは緩く握ったままのスマートフォンが落ちていた。

そんな混乱したリビングを観察する有馬氏の目は鋭く、何かを探るかのように部屋を見渡していた。

彼の視線は三人の姿から一瞬も離れず、まるでその状況を紐解くかのように、細部まで観察していた。

「まだ息はある。救急車を呼ぶんじゃ」

静かに指示を口にすると、有馬氏は隣を睨んだ。

「隣の部屋じゃ」

今までの会話から、大地少年がこの惨事を引き起こした可能性は高い。加えて、有馬氏が隣だというからには、その部屋に彼はいるということなのだろうと推測できた。

「これから大地くんの部屋に彼をおびき寄せるぞ。くれぐれも捕まるでない。おぬしもこうなる」

倒れた三人を指さし、小さくはあるが力強い声で忠告をする。

同時に有馬氏はリビングから飛び出て、隣のダイニングキッチンのドアをわざと大きな音がするように蹴り開けた。

と、一気に廊下中に異臭が漂い、ぐちゃぐちゃと咀嚼音が耳に障る。

天井の照明が消え、真っ暗な中に、冷蔵庫の光りに照らされた大地少年が、両手で何かを掴み貪り食う姿が浮かび上がった。

先ほど会った、あのおどおどとした態度は消え失せ、一心不乱に何かを鷲掴みに口に入れている。

瞬間。ギョロっとした目が有馬氏をとらえたと思うと、常人からは想像もつかない跳躍力で有馬氏に襲い掛かった。

有馬氏は勢いよく廊下に転がり出ると、階段を上って大地少年の部屋へと駆け込んだ。大地少年は四つん這いで有馬氏を追いかけ、それを見た私も間髪入れず後に続いた。

部屋は照明が点けられていて、先に部屋に入った有馬氏と、後を追いかけた私の大人ふたりが子どもひとりを挟み撃つという奇妙な恰好になった。

直後、大地少年は今日何度も聞いた低い不気味な唸り声を上げた。

が、しかし。

おかしなことにそこで事態は一変した。

大地少年は泡を吹いて転がり、痙攣を始めたのだ。

「あ、有馬さん!」

散乱した本の上で白目を剥き、仰け反る少年を指さし、叫ぶことしかできない。

どうしてこんな状況に追い込まれてしまったのか。疑問だけが頭の中をぐるぐると回っていた。

「どうするんですか?」

有馬氏に縋るほか、道は残されていなかった。

「ま、まあ待て。落ち着け。そう急かすもんじゃない。間違えれば、こやつが死ぬぞ」

言葉とは裏腹に、有馬氏にも焦りの色が浮かんでいた。


有馬氏は大地少年を尻目に、部屋の四つ角に何か白い紙でできた人形を置き始めた。

それが終わると、大地少年に向き直り、今まで聞いてきた祝詞とはまったく違う、耳慣れない経のような、それでいて、日本語ではないような言葉を何かの旋律に乗せて謡い出した。

そして、懐からあの飲み干した日本酒の小瓶を取り出し、蓋を開けて大地少年の傍らに置くと、より一層強くはっきりと謡に力が込められた。

「があぁぁあぐうぅぅうぅぅ……」

次第に大地少年が苦しみもがく動きが激しくなり、喉を掻きむしった。

効いているという証拠でもあった。

その光景に目が離せないでいると、大地少年の口の中から何かどす黒いものが吐き出された。

それは彼が自らの意思で嘔吐したものではない。

大地少年の口から這い出て床に落ちた物体は、陸に打ち上げられた魚のように飛び跳ねた。

「かっ!」

有馬氏の気合が部屋中に響き渡った。

すると、どす黒い物体は日本酒の小瓶に吸い込まれるかのように滑り込んだ。

有馬氏は小瓶に覆いかぶさって、蓋を素早く閉めた。

辺りは水をうったように静まり返るのであった。

救急車の音が遠くへ消えるのを確認した有馬氏は、自分の袖を整えながら事の顛末を振り返った。

「結局、最後のあれは何だったんですか?」

私が問うと、彼は深いため息をついてから話し始めた。

「まず、呪いの件はもうよいな?」

彼は念のためにと確認をしてきた。

「はい、人を呪わば穴二つ」

「そして、四面の部屋じゃ」

「何ですか? それは」

「ひとつ部屋があるじゃろ? その部屋には当然、四つの壁がある。すべての壁にポスターを貼るのはよくないとされておるんじゃ」

「どうよくないんですか?」

「諸説ある。ポスターの印刷されていない面、つまり裏側から表には霊は通りやすいとされ、逆に何かが印刷された面から裏へは霊は通れないとされておる。よって、ポスターを四つの壁に貼ってしまうと、部屋に霊が溜まって出られなくなるため、霊障が起こる。これがまずよう聞く話じゃ」

「なるほど」

「次に、すべてのポスターに人物が印刷されていたとする。どの方向からも見られているような状態じゃな。目線が交錯している。そこには霊道が開かれてしまうそうじゃ。もちろん、霊の通り道じゃから霊障は起きやすくなる」

「あ! だから、あの部屋におびき寄せた?」

「そうじゃ。逃げられてしまっては大失敗じゃからの。逃げれんように、最初から逃げ道がない部屋を選んだというわけじゃ」

「その結果……」

「この小瓶じゃな。今は三分の一くらい泥水が入っているように見えるが、れっきとした霊じゃ。これをこの後、処分してこの依頼は終いじゃな」

「岩崎夫妻と、竹田くんは大丈夫ですかね？」

「わからん。あれは外傷によるもの、要は狐憑き状態になった人間に危害を加えられたものじゃから、運がよければ軽傷ですぐ退院できるじゃろ。運が悪ければ、それまで、じゃな」

「………」

「さて、わしは後始末をせにゃいかん」

「後始末？」

「そうじゃ。ほとんど説明もせずに他人の家に乗り込んで祈祷を繰り返したじゃろ？　これ以上、怖がらせないためにも話して聞かせんとな。アフターサービス、というやつじゃよ。それに、竹田くんはバイト……いやいや、大切な弟子じゃからの。面倒を見んといかん。じゃから、ここでお別れじゃ」

「そうですか。名残惜しいですが、今回もありがとうございました。また、どこかで会えますよね？」

「そうじゃなぁ……それこそ縁があれば、また何か、お互い巻き込まれて相まみえることもあるじゃろ」

そういって有馬氏はにやりと笑った。

新築の怪

渡辺健一は結婚をした。

相手の名は、山本美智子といった。

ふたりで話し合い、地元の有名な結婚式場で盛大な結婚式を挙げた。ふたりの幸せそうな姿を見て、列席者たちは心から祝福した。

ハネムーンは、ふたりが長年憧れていたヨーロッパ旅行だった。古城をまわり、食事を楽しみ、たくさんの場面を写真に収めた。

だが、帰国後、健一の父、隆が急に体調を崩し、健一たち夫妻は介護を余儀なくされた。介護は非常に困難で日々疲弊をしていく。

問題は、健一と美智子の住処と、健一の実家がとても離れていたこと。移動するだけでも時間を取られ、自分たちの時間を確保できなくなっていった。

運よく健一の実家の隣が空き地になっていることを知ると、健一と美智子はその土地を買い取り、そこに戸建てを建築する計画を立てた。資金繰りがうまくいき、次第にその計画は現実味を帯びていく。

めでたく土地を購入し、戸建ての設計について建築会社と打ち合わせを進めている頃、美智子の妊娠が判明した。

そして戸建ての設計図が完成し、地鎮祭を執り行うことになった。

地鎮祭の当日、朝は早くからにぎやかだった。

渡辺家の要望に応じ、儀式は午前十時から始めることになっている。それを考慮に入れ、関係者たちは逆算して午前八時から集まり始めた。

主役である渡辺健一と美智子はすでに空き地沿いの歩道に立ち、事の成り行きを見守っていた。

健一の両親である渡辺隆と恵子は体調と介護を理由に不参加、美智子の両親は遠方を理由に顔を出せなかった。

現場の監督や設計者、そして工事を担当する人々も同じく到着。彼らは慣れているらしく、お互い挨拶を交わす。

地鎮祭を執り行う神社の神職や宗教関係者も姿を現した。

そして、一般参加者たち。

彼らは渡辺家や建設に関わる者たちと何かしらの縁がある人々で招待されてここにいる。

最後に祭壇スタッフたち。

彼らは地鎮祭の準備や運営を担当し、祭壇の設置や案内、誘導などを行っていた。

彼らの存在があってこそ、スムーズな進行が可能となる。

それぞれの人々が集まり、ひとつの儀式が形となる。

祭壇テントが何人かのスタッフによって手際よく組み上げられ、幕掛けで周囲を囲まれると、儀式の場が一段と引き立った。

その中では、祭壇が組み立てられ、神具や花、お供え物が配置されていった。

ここは、神々を迎える聖なる場所。

だが、この準備が始まる前にはさらにひとつの作業が存在した。

それは場所の清掃と整備だ。スタッフやボランティアが一時間以上前から行い、参加者が安全に参列できる状態にしていた。彼らの努力の甲斐もあって、祭場は整然としていて、そこには神聖な雰囲気が漂っていた。

参列者たちもまた、その場の重みに見合った身なりで現れた。男性たちは黒や濃紺のスーツをまとい、女性たちは同様にスーツか、または格式高い留袖や色無地の和装を身に纏っていた。

だが、唯一異なる格好をした者がいた。

それは神職だ。

彼らは白色の長衣に白色の羽織袴、神職用の帯で身を固めていた。その清廉な姿は、他のすべてと一線を画し、儀式の執行者としてその場に立っていた。

果たして、地鎮祭が開かれた。

「手水はこちらです、手と口を清めてくださいね」

入り口に立つスタッフが参列者たちに手水桶を指し、参列者が並んでいく。彼らは手と口を清め、祭壇テントの中へ入っていく。

神職が儀式場に入ると、参列者たちは黙然と立ち上がり、頭を下げた。

「これより修祓を始めます」

神職の声が響き、参列者たちとお供え物が祓われる儀式が行われた。

「降神之儀を始めます」

神職が宣言すると、祭壇に立てた神籬に、その土地の神・氏神を迎える儀式が始まった。参列者たちは起立したまま、頭を下げて神の降臨を待つ。

その後、神職が祭壇のお供え物を神に奉納する『献饌之儀』を行う。参列者たちは座ったまま待ち、その様子を静かに見守っていた。

「祝詞奏上、始めます」

神職の声が響き渡り、この土地に建物を建てる事を神に告げ、工事の安全を祈る祝詞が奏された。

儀式は進み、『刈初之儀』が始まった。それは建物の設計者が行う、地鎮の儀式だった。設計者は草を刈りとるしぐさを三度行い、その後『穿初之儀』に移行した。健一が斎鍬（いみくわ）を行い、土を耕すしぐさを三度行った。

「うまくいきますように」

健一が小さくつぶやいた。

斎鋤（いみすき）もここで行われ、施工主である建設会社の代表が土をならすしぐさを三度行った。

神前に玉串を奉る『玉串拝礼』の儀式が始まった。神職に続き、健一も玉串を神前に奉った。

関係者たちは一緒に二礼二拍手一礼を行った。

お供え物を下げる『撤饌之儀』が行われ、神籬（ひもろぎ）に降りていた神・氏神に帰りを願う『昇神之儀』が始まる。

すべての儀式が進む中で、一瞬だけ神職の動きが止まり、その静寂が儀式場に広がった。

神酒拝戴が始まり、全員でお神酒を戴く時間が訪れた。

「無事に工事が完了しますように」

健一が祈る。

最後に神職が式場を下がり、その姿が見えなくなるまで参列者全員が静かに待った。

神職の姿が完全に見えなくなったとき、一同は深々と頭を下げ、儀式の終わりを静かに迎えた。

こうして、渡辺夫妻の新たなスタートの場となる土地での地鎮祭は、ひとつひとつの儀式を経て、静かにその幕を閉じた。

それが渡辺家の平穏な日々、最後の瞬間だった。


夜明けが近づく。

引っ越しの疲労と達成感に浸る健一と美智子は、新居で初めての夜を過ごした。

彼らはこの日を心待ちにしていて、計画どおりに休暇を取っていた。

だが、彼らの疲労は一夜で癒えるものではなく、目覚めたときの体の重さは予想以上だった。

健一が目を覚ますと、まだ明けきらぬ寝室に異様な静けさが広がっていた。不自然なほどに沈んだ空気は、まるで重力が増しているかのような感覚を彼に与えた。

眠りから覚めた彼の隣には、美智子の姿はなく、ただ、マットレスが軽く凹んでいて、シーツにはわずかな皺が寄っていた。

彼女はすでに起きて、一階のキッチンで朝食の準備をしているのだろう。

だが、それが何とも安心につながらない。むしろ、その広いベッドの残された空間が、健一の心に強く不安を押し付けた。

一階に下りると、すでに朝食の準備ができていて、ダイニングテーブルで美智子は健一が起きてくるのを待っていた。

おはよう、とふたりは笑顔を交わし、朝食を食べ始める。

天井から降り注ぐ、冷たく湿った空気が、この新築の家にまったく不釣り合いな不気味さを醸し出していた。温かいはずの食事が、なんとなく冷たく感じた。

その日一日は、異様に沈んだ空気の中で過ごすしかなかった。

彼らはこの感じを「疲れ」だと解釈した。

激しい引っ越しの疲労がまだ完全には抜けていないのだ、と自分たちを納得させるために。

新築の家は、まだ慣れない場所だ。

その馴染みのなさが、心のどこかで違和感として現れているのだろうと、ふたりは思った。

翌日、土曜日。

健一が瞼をこすりながら目を開けると、再び妻の姿は見当たらなかった。

昨日と同じく朝食を準備しているのだろう。手伝いでもしようと思い、ベッドから身体を起こした。

まだ髪の毛ほどの傷も付いていないフローリングに足を滑らせ、ゆっくりと起き上がった。

足を一歩前に踏み出した瞬間、彼は思いがけないほどの力で前方に転倒した。

まったく思ってもみなかったことが起きた。

ベッドの下から何かが伸びてきて、彼の足首を掴んだのだ。

その意外な力に抵抗できず、彼は転んでしまった。膝を床に打ちつけ、大きな痣を作ってしまった。キッチンに足を運ぶと、美智子は健一の怪我を見つけて驚き、心配そうな顔をした。

それほど、彼の膝は青く腫れていたのだ。

異変は健一だけでなく、美智子にも降りかかった。彼女は、家事をしているときに、何となく誰かに見られているような気がする、と健一に告げた。

その翌日の出来事は、さらに彼女を怯えさせた。この家は、二階の寝室の前の廊下から一階のキッチンを見下ろす吹き抜けの設計になっていた。

朝、夫よりも早く起きて朝食を作るためにキッチンへ行こうと階段を一段下りたときだ。

自分の視線の先に、何者かわからぬ黒い影が立っていたという。その影が、まるで自分を見上げているかのように思えた。美智子が直感的にその存在と目が合ったと思った瞬間、黒い影は突如として消えたのだという。

さらに、美智子は家にひとり残されたとき、自分の名前が遠くから呼ばれるような錯覚に襲われることもあった。

最初の段階では、それぞれが起きている事象を単なる気のせい、心身の疲れ、あるいは新築の家への慣れなさと解釈していた。自分自身に向けて、そういった事象の説明を口にして、心を落ち着けようとしていた。

しかし、次第にそれらの怪奇現象が増え続け、さらにその度合いもエスカレートしていくにつれて、もはやそのような言い訳が通用しない、逃れられない状況へと変わり始めていた。

無視できる範囲の怪奇現象ではなくなり、それぞれの心に恐怖を植えつけるようなものへと変わっていったのだ。

本来なら、お互い、何かこの家に恐怖心のようなものがあると打ち明けるはずなのだが、新築という言葉が彼らの口を重くさせた。資金繰りに苦労してきた記憶がそれを後押しした。

だが、怪異は続いていった。

深夜の静寂が家を包んでいた。

健一は二階へと続く階段をゆっくりと上っていた。夜間の照明が階段をわずかに照らし出し、足元の影がゆらゆらと揺れていた。

突然、背後から囁く声が聞こえた。

「健一」

健一は階段の半ばまで上っていたが、自分の名前を呼ばれたことに気づき、立ち止まった。

その声は美智子のものではない。

そう感じた。

では誰か。

記憶の中に該当者はいなかった。

「誰だ？　何か用か？」

不安を抱きつつも、その声の主を確認しようと、ゆっくりと振り返った。

その瞬間、強烈な力が背中を突き、健一は足を滑らせて階段を転げ落ちてしまった。

頭から足元まで、階段と体がぶつかりあう激痛が彼を襲った。

その物音に、美智子が寝室から飛び出てきた。

美智子が「健一！」と叫び、階段を駆け下りて健一を気遣った。

健一は、意識を失っていて、救急車で運ばれていった。

幸いなことに、すぐに検査結果に問題がないとわかり、病院から帰ることができた。

また、別の日。

美智子がリビングで心地よい陽光の中、読書に耽っていた。

そのとき、自然と肩に感じた優しい重み。それは、大切な誰かの手が静かに触れたかのようだった。健一の存在を感じ、愛おしく思い、自分の手をその上にそっと重ねた。

「なあに？」

優しく問いかけ、答えを待った。

しかし、その待つ間にも、手の主は無言で後ろに立っているだけ。

リビングは水を打ったように静かだった。その異常な静寂に、不審に思った美智子は振り返った。

だが、その視線の先には誰もいなかった。

まるで幻のように、自分の手の下に感じていたはずの温もりも消えていた。

リビングにはただ美智子がいるだけだった。

さらに別の日。

健一が台所へお茶を飲もうとやって来たところ、突如として地の底から鳴り響くような低い轟音が耳をつんざいた。

「何だ？」

驚きの声を上げた瞬間、全身を強く揺さぶる激震が襲ってきた。

これほどの揺れは経験したことがない。

立っていることすら困難で、逃げるために走り出すこともできない。

健一はその場に蹲り、頭を抱えるしかなかった。

いつまでも続く揺れ。

彼はただ、この恐怖が早く終わることを祈った。

「ぐはっ！」

そんな中、突如背中からの強い衝撃が伝わってきた。原因はそばに設置されていた食器棚だった。その重厚な木製の食器棚が食器ごと彼の上に倒れ、気を失ってしまった。

意識が戻ったとき、彼は再び救急車に乗せられていた。付き添った美智子は泣いていた。

それから数時間後、健一はやはり何も問題ないと医師に告げられ、夕方には自宅に戻っていた。

夕食のテーブルで美智子に、どうして食器棚が倒れてきたのかと聞かれた。

地震のことを口にしたが、「地震？　なんのこと?」と、彼女は首を傾げるばかりだった。

だが、その場で美智子も怖い体験をしたのだと言い出した。

彼女が夜、トイレに起きたときの話である。

健一が寝入った頃に、ひとり起き出して用を足しに向かった。

月明かりがブラインド窓の隙間から差し込む中、彼女は廊下を進んでいた。そのとき、何か金属の軋む音が聞こえてきた。それは、昼間の生活音の中では掻き消えてしまうような、小さな音。

いったいどこから……と思うまでもなく、自分が目指す方向から聞こえてくる。

トイレのドアだった。

それが、ゆっくりと廊下側に開いていく。

「誰?」

直前まで、しっかりと閉じられていたそれは、彼女を迎えるように大きく開ききった。

「健一? いたずらしないでよ」

トイレの中にいる健一に向かって文句をいう。

だが、美智子は、健一がベッドで寝ていることはよく知っていた。

怖さを紛らわせるため、声を出したのだ。

トイレに近寄るが、中には誰もいない。

そんなことが毎晩起きるのだという。

健一は、言葉を失っていた。

ここで初めてお互いが、この家で何らかの心霊現象を体験しているのだと気づいたのだ。

＊　＊

「健一くんが狙われておるのう……」

水筒のお茶をすすりつつ、のんきな声を出したのはフリーの祓い屋有馬氏であった。

現在、私は、なぜか廃神社の裏にある廃社務所に呼び出され、渡辺健一と美智子から有馬氏が相談を受けているところに同席させられていた。

「それは、どういうことですか?」

途中から参加したせいで、話が見えない。

有馬氏から、前に座るふたりの名前だけは紹介を受けたが、そのほかのことはさっぱりだ。

しかし、そんな私のことなど関係ないとばかりに、健一が有馬氏に問いかけている。

「考えてもみてみぃ。健一くんが遭うた怪異はどれも怪我が伴う現象に対し、美智子さんの遭うたのはどれも子どものいたずらのような怪異じゃ」

「いわれてみれば……」

健一と美智子は、はっとした表情を浮かべたかと思うと、お互い顔を見合わせた。

「と、いうことは、じゃ」

有馬氏は、すとんと水筒を古ぼけた事務机の上に置くと、ふたりを交互に指さす。

「健一くんが恨みの対象。美智子さんはその巻き添えと考えるのが普通じゃな」

「そんな……」

健一に視線が集まる。

「いや、でも、僕は恨みを買うような覚えなんてこれっぽっちも……」

「ない。といえるかの？　見た感じ、三十は超えておるな。おぬし、三十年以上、誰にも怒られずに過ごしてきたわけではあるまい？　それに、逆に問うが、今までの人生、ものすごく些細なことで腹を立てた経験はないといえるか？」

有馬氏のいわんとしていることは、その場の全員が理解していた。誰からも恨まれず、そして、誰も恨まない者などいない。敵意を受ける側は往々にして、知覚しない場合がある。

健一は俯き、考えを巡らせているようだった。

「そうだ……」

彼は少し前の出来事なのですが、と語り始めた。

＊　＊

彼が住む町にはいくつか取り決めがあった。そのひとつが、地域の公園を持ち回りで見回ること。

公園が清潔に保たれているかチェックし、利用者にルールを周知することが業務で、健一は両親の代わりに引っ越す前から役目を引き受けていた。

ルールのひとつに、『公園の散策路で犬の散歩をする際は、リードを必ずつけてください』というものがあった。これは犬が他の公園利用者に迷惑をかけたり、公園内を荒らすことを防ぐためのもの。それに、散歩に興奮して走り出してしまった犬を事故から守るという意味もあった。

ある日、健一は公園を巡回中、リードなしで犬を散歩させている老人を発見した。その老人自体は、健一はたまに公園で見かけていて、公園が好きなんだろうくらいにしか認識していなかった。

「あの、すみません。お散歩中、失礼します」

意識して丁寧に声をかけた。

健一は公園のルールを守ることの大切さを説明し、老人に犬のリードをつけるよう頼んだ。

しかし、老人はその要請を不快に思い、それ以来、健一に対して敵意を見せるようになってしまった。

老人は地元の人々に対して、健一が自分を公園から追い出そうとしたと嘘を広め、健一に対する悪評が広まってしまった。

健一は役所の人間に間に入ってもらい、誤解を解こうとしたが、老人はいっこうにして人の話を聞こうとはしなかった。

不幸中の幸いだったのは、広まった悪い噂は、すぐに嘘だとわかり、地域の人々は健一に寄り添ってくれていたことだった。

＊　＊

「短い時間で解決したし、僕も今の今まで、有馬さんに指摘されるまで忘れてました」

健一は、少し前の心当たりを話してくれたが、この程度で恨まれては命がいくつあっても足りないと誰もが思うだろう。他の三人が、なんだそんなことか、という顔をしているのを見て健一は続けた。

「ただ、不可解な心霊現象が起きたのは引っ越してからですが、そのおじいさんが亡くなったのも、その辺りなんです」

今度は、全員が「ほう?」という表情になった。

全員が、ホラー映画を観たが思ったより怖くなかったなと思った瞬間に、驚かされたような気分になったのだ。

「では、その老人が犯人だとして、お祓いをしてみようかの」

有馬氏は水筒のお茶を飲み干すと、席を立った。

祝詞というものは、決まった形式、正確には決まった文言があるものと、そうでないものが存在する。よく知られているのが、祓詞(はらえことば)と大祓詞(おおはらえことば)だ。

祓詞は神事の前に必ず行われる祓のときに唱えられるもの。大祓詞は元々は毎年六月と十二月の末日に行われる大祓で、犯した罪(神道の観念による「罪」であり、犯罪とは意味合いが異なる)、穢れを祓うために唱えられた祝詞だ。

とくに大祓詞は、神職の資格を取る過程で、「困ったときはとりあえずこれを」と教えられるくらい万能なものだそうだ。

ほかにも、龍神祝詞(りゅうじんのりと)、鳥居之祓(とりいのはらえ)、略祓詞(りゃくはらえことば)、略拝詞(りゃくはいし)などがある。

これらとは別に――他の話でも触れているが――祝詞はそもそも神に訴える言葉なので、状況が違えば定型文で済ませることはできない。

それを大和の言葉で綴る必要があるので、神職たちは大和言葉を学び、訓読みで祝詞を筆記するのである。

「さて、今回の場合は、老人が不当な因縁をつけてきていて困っているのでどうにかしてほしい、とでも書くかの」

新築の渡辺家にやって来た有馬氏は、のんびりと懐から紙と筆ペンを出し、祝詞を書き出した。

「そんないい加減でいいんですか?」

リビングでソファの対面に座る有馬氏に慌てて問うてみた。

「いいんじゃよ。長くなるほど混乱するだけじゃ」

「そんなもんですかね」

私は餅は餅屋かと引き下がった。

「で、健一くんの寝室はどこじゃ?」

十五分もすると有馬氏はやおら立ち上がり、美智子に問うた。

「こちらです」

身重の美智子を先頭に、有馬氏、私、健一の順で階段を上がる。

廊下を進みドアを開けると、ベッドが一対。

「あの、どうして寝室なんですか?」

美智子が、さっそく祝詞を上げようとした有馬氏に声をかけた。

「ああ、何も説明せんで悪かったの。少し、神社の神事からは外れるが聞いとくれ。まず、健一くんが呪われているとして、健一くんを祓う必要がある。美智子さんはそれに巻き込まれたんじゃろう」

有馬氏は祝詞の紙を一度懐に仕舞うと、美智子さんに向き直って話を始めた。

「ふたりを祓うことになるが、それでは足りぬのじゃよ。その人が一日の中でもっとも長く過ごす場所も祓う必要が出てくるのじゃ」

有馬氏の説明はこういうことだ。

渡辺家にはふたりの大人が住んでいる。もうひとり増える予定はあるが今はまだ。

普通の依頼であれば、ふたり祓う。

健一の心当たりによれば、健一だけ祓えばよい。

健一は生きている人間なので移動をする。

移動先にも念が溜まるので、それも浄化する必要がある。

では、一番念が溜まる場所はどこか。一日のうちでもっとも長く居る場所。

つまりは睡眠を取る場を祓うことになるというわけだ。

有馬氏は、祝詞が終わると、道具を懐にしまった。

「あとは健一くんじゃな」

その後、彼を祓うと、有馬氏は挨拶もそこそこに、帰るぞと玄関に向かっていった。

「珍しくさっぱりとしたお祓いでしたね」

私がそういうと、有馬氏はじっとりとした目でこちらを一瞥した。

「金にならん」

未だこの案件の全容を把握できていない私は、というと、と説明を促した。

「見たか？ あれ、新築じゃぞ？ で、費用は多く出せない、だけど助けてほしいときた。普通の神社にお願いすれば数千円から一万円程度、もし出張費用が請求されてもたかがしれとる。それを出せんという。だったら、個人で価格設定できるフリーにお願いしようと思ったんだと。こっちをボランティアか何かと勘違いしとる」

「なるほど」

私は短く相槌を打った。

そこで有馬氏は、不機嫌なのか口をつぐんでしまった。

沈黙に耐えられなかった私は、廃事務所で同席した瞬間に思った疑問を話題として出してみた。

「ところで、今回、お弟子さんは？」

わかってはいる。弟子というのは表向きのポーズで本当はアルバイト、お手伝いをする人だということを。

「金にならんなら、必要なかろう。逆に赤字になる」

「なるほど」

これまた短く返され、私は話題がなくなり困ってしまった。

それから一週間も経っていない内に私は再度、渡辺家のリビングに来ていた。

怪異が収まったのは翌日だけ。二日後には、また怪異が起き始めたというのだ。

それも、健一のほうには何も起きていないが、奥さんが怖い思いをし始めたとか。

「ふーむ……」

有馬氏はソファに深々と座り、出された茶を前に、鬚を撫でつけ天を仰いでいる。

推理が外れどう言い訳したものかと悩んでいる、といったところだろうか。

「美智子さん、今度はあなたを祓ってみるとしよう」

「というと？」

私は思わず理由を問うた。

前回は明確な理由があったのに、今回はなんとなくでは説得力に欠ける。

有馬氏は、どっちの味方なのかという顔で、じろりと私を一瞥した。

「何度もいっておるように、祓うというのは、成仏させることではなく、どこか別の場所に行ってもらうことじゃ。全部がそうじゃとはいわんが。怪異は健一くんから近くにいる美智子さんに移ったと考えるのが妥当じゃろう」

一応は筋が通る。

健一さんに戻ったりしませんか、と発言しようとしたのがわかったらしく、私が口を開くと同時に有馬氏は自分の言葉を被せた。

「この敷地から出ていくように祝詞を書く」

果たして、美智子さんのお祓いは健一さん同様済まされたが、それから三日後には怪異が再発した。

「ふーむ」

似たような光景をつい最近、見たような気がする。きっとデジャヴというやつだろう。たぶん。

心霊現象は鳴りを潜めたかのように思われたが、やはりしばらくして起こり出した。家を訪れる人にまで姿を現し始めたのだという。

「家……かの」

「家？」

有馬氏はまだ天井を見たままだが、私は容赦なく突っ込みを入れてみる。彼はさも煙たそうにこちらに視線を寄越すが知ったことではない。

「だんだん、内科みたいになってきましたね」

処方箋が効かないとなると、もう少し強い薬を。それで駄目なら、別の薬を出してみて様子見。よくある内科の手法だ。

彼は返す言葉が思いつかなかったのか、黙って玄関まで行くと履き物を履き、外に出ていってしまった。怒らせたかと、慌てて後を追うと、彼はもう祝詞を読む準備を始めていた。

「大祓詞を何度か奏上すればよいじゃろ」

渋柿でも食べたかのような顔で彼は大祓詞を奏上していった。

翌日。

四人はリビングのソファで沈黙していた。

昨晩、健一と美智子がそれぞれ別々の場所、別々の時間に怪異を体験したからだ。

やはり、有馬氏は鬚を撫でつけながら、天井を見ている。

「真面目にやるかのう」

この雰囲気でこんなことをよくもいえるものだと感心した。

他の全員が彼を見守る中、有馬氏はこう切り出した。

「建築のときの資料とか記録とか残っているものがあれば、全部集めて見せてほしい」

健一は、わかりました、とひとこと答えると二階に上がっていった。

「今回はどういう？」

私はすでに、内科の看護師のような気分であった。

「人を祓っても駄目、家を祓っても効果なし。ならば、何かしらの細工がされていると考えたほうが自然じゃ。もし呪物のような、そこにあるだけで怪異を呼ぶようなものがあるとするなら、それ自体を祓うか壊すかせんと意味がない。見える範囲の鼠を駆除したが、巣をそのままにしたら次が現れた、ということじゃな」

そんな会話をしていると、健一が上から戻ってきた。見ると、両手いっぱいにアルバムを抱えている。

有馬氏は再び天を仰いだ。


有馬氏がアルバムをチェックすること二時間。

彼をおいて、私は昼食にお呼ばれしていた。

「これ、美味いですね。健一さんって、料理の修行でも？」

出された炒め物は絶妙な塩加減だった。

「いえ、そこまでは。学生時代に飲食店でキッチンを担当していたんです」

「なるほど、それで！」

褒められて満更でもないといった表情で照れる健一を後目に、有馬氏は最後のページを閉じた。

「終わったぞい」

すでに疲労困憊といった感じで、彼はソファから立ち上がると大きく伸びをして、身体中の骨をゴキゴキと鳴らしてみせた。

「すみません。有馬さんしかわからないので、お任せしてしまって」

私が箸を置いて謝罪をすると、有馬氏はそれを手で制して、うんうんと頷いた。

「それで何かわかりましたか？」

「収穫なし、じゃや」

有馬氏は肩をすくめ、何度も首を横に振った。

「はい？」

「ここには更地になった土地の様子や、建築していく過程などが収められていたが、手掛かりになりそうな写真は一枚もなかったのう」

さも残念であるといわんばかりの口調で彼は食卓についた。

「わしも何か……」

もらえるか、と有馬氏が健一に食事を出してもらおうとしたときだ。

「あの、そのアルバム以外のものでしたら、少しあたしも持っています」

「え？　あれ以外に何かあるの？」

白米をよそっていた健一が美智子に振り返る。

「うん。地鎮祭のとき、動画を撮っていたの。滅多にお目にかかれない行事だし」

美智子のひとことで食事は中断し、全員でテレビの前に集まることになったのだ。


健一がテレビとスマートフォンを接続して、動画が再生される。

食事にありつけず、ひとりご機嫌斜めな有馬氏は、一番後ろで立ち見をしている。

「手水はこちらです、手と口を清めてくださいね」

スタッフが手水で来場者の手を洗ってもらっているところから動画は開始された。

それからどんどんとプログラムが消化されていき、最後、関係者が解散となったところで再生は止まった。

「何もおかしいところはなかったのう。これも空振りか……」

有馬氏がそういって鬚を撫でつける。

「ん？　どうした美智子？」

健一の声に、美智子に視線が集まる。

見ると、彼女は明らかに動揺している。

顔色も優れていない。

「今の……」

「どこ？」

健一がスマートフォンの動画再生アプリのシークバーを操作して、ゆっくりとそれぞれの場面がテレビの画面に流れていく。

「ここ！」

それは、目じりから口角まで刃物で切りつけたような大きい傷跡のある神職が大映しになり、祝詞を奏上し始める場面だった。

テレビの中で、その神職はうやうやしく祝詞が書かれた紙を広げようとしている。

美智子は腕をまっすぐに伸ばし、この神職を指さした。

「これ、元カレ」

「はあ?」

健一のマヌケな声が大きくリビングに響いた。

「あたしにフラれてから、ずっと引き籠りだって聞いた……」

美智子は青い顔でつぶやいた。

「美智子さん、この元カレは神社関係者かの?」

彼女の顔を覗き込むように、有馬氏は尋ねた。

「いえ、付き合っているときは、たしか実家が個人経営の書店でそれを継ぐっていっていたような気がします」

戸惑いながら答える美智子だったが、その言葉途中で有馬氏はテレビの画面に映る男を見ていた。


「それがこれか……」

「どういう意味ですか?」

私は有馬氏に詳しく話すよう促した。

「神職はそうとう修行を積まんとなれん、ということじゃ」

「いや、よくわかりません」

まったく伝わらない発言に焦れた私は、もっとちゃんと話してもらうよう頼んだ。

「たとえばこれじゃ。健一くん、こやつが祝詞を読むために登場したシーンから再生してもらえるじゃろうか」

いわれて、健一はスマートフォンを操作した。

リビングに撮影風景の音声が再生され、画面には神職の男が左から姿を現す。

「よく見よ。この一連の所作は身体に染み込むまで覚えさせられるものじゃ。付け焼刃なら、絶対に同業に露見する。ここにはスタッフとして何人か手伝いがいるが、どいつも神職の卵じゃよ。そいつらにバレないとなると、本職としか思えん」

神職の所作は複雑で、かつ、厳粛に決められている。有馬氏の話では、以下を十秒かかってはいけないそうだ。

右手で懐中から祝詞を取り出す。

存在すれば笏に祝詞を添え、そのまま神前へ進む。

祝詞を目前まで上げ、礼を行う。

その後、祝詞は体の左側へ移動。

次に右手の人差し指を祝詞の向こうに差し込み、笏と祝詞を分ける。

そのまま、右手で祝詞を再び持つとともに、体の中央へ移動。

この状態で左手の人差し指を祝詞の最初の折り目に挿入し、その指を半分まで下げて祝詞の封を切る。

封を切った祝詞を体の左側へずらし、その右下を右手で持つ。

やや上部は左手で押さえる。

その後、左手を下部にずらし、左手を揺すりながら、右手で祝詞を右へ引き広げる。

そして、祝詞を目前に移動。

奏上する。

「さらに疑問は残るぞ。そもそも、どうやって紛れ込んだかじゃ。地鎮祭の場合、施工業者などを通して神社に依頼するのが普通じゃ。ならば、まっとうな神社から派遣されてくるはず。潜り込むなど不可能な話じゃ」

「それじゃあ……」

「もしこやつが渡辺家に何かし続けているとしたら、お祓いが成功しないのも頷ける。呪われ続けていれば祓っても祓っても湧いてくるのは必然」

有馬氏は忌々しそうに画面を睨んだ。

そこで健一が口を開いた。

「美智子、なんで撮っているときに気がつかなかったの？」

「撮影することに夢中になっちゃって、ちゃんと画角にいれなきゃって必死になってたの。それで誰が映っているかなんて二の次で……」

わからないでもない。撮影してあとで見ようなどと思っているときは、だいたいその場の光景は二の次になる。

「美智子さん、今こやつが住んでいる場所はわかるか？」

「いえ、もうずいぶん前に縁を切ったので……」

かなり怯えた様子の美智子さんは、小さく首を横に振った。

「では、わかりそうな者は知り合いにおるか？」

「それなら……」

彼女は震える手でスマートフォンを手に取ると、連絡先を呼び出し、どこかに電話をかけ始めた。

最初の連絡で元カレの所在はすぐにわかった。親の書店を継ぐため親と同居、そのまま引き籠りは美智子さんにフラれてから現在も継続中だという。独立したわけでもなく、独り暮らしを始めたわけでもなかった。

「すみません、直哉くんはご在宅で？」

美智子さんの元カレである館林直哉は、渡辺家から電車で二駅の場所に住んでいた。駅から歩くこと十分。戸建ての一階が本屋になっていて、二階が居住区のようだ。

我々は身重の美智子さんを家に残し、その店の中に入っていった。

レジに座っていたのは、直哉の父であった。突然のことに状況が飲み込めないといった感じで、目を白黒させていたが、有馬氏の剣幕に負けて、直哉の部屋へと我々を案内した。

「こちらです」

直哉の父が部屋のドアの前で立ち止まった。訊けば、もう何年も姿を見ていないらしい。

食事は母親が作り、ドアの前に置くと、いつの間にか空になった器が廊下に出されているのだという。また、風呂も真夜中に定期的に入っているようだが、それでも数年は顔すら見ていないのが現状だと、直哉の父は悲しそうに語った。

「直哉くん、開けるぞ」

有馬氏がドアノブに手をかける。

「…………」

「どうしました?」

私は有馬氏がそこで動きを止めたので、何事かと問うた。

「警察を呼べ」

「え?」

一瞬、彼が何をいったのか理解できなかった。

「すぐに、じゃ。警察を呼べ」

そういってドアを有馬氏が開けると、中には、天井からぶら下がった人影がひとつ。

同時に直哉の父が絶叫して部屋に飛び込んだ。

その後は、絵に描いたようなパニックだった。

ひとり、冷静な有馬氏が警察を呼び、本屋の周囲は一時騒然となった。


直哉の父の話では、その日の朝まで生きているのは確認できていたという。直哉の母によって朝食が運ばれ、十一時くらいには空の器を父が視認している。つまりその時間までは生きていたのだ。

無論、我々も警察に聴取を受けたが、すぐに関係なしとされ、帰された。

結局のところ、呪いをかけたのは直哉だったのか、藪の中となった。

その後、渡辺家ではいっさいの怪異が起きてないと聞く。

状況証拠だけで判断すれば、直哉が心霊現象の犯人といえよう。

ただ、それが本当のことだとして、なぜ彼があの日に命を絶ったのか。そして、なぜ神職と関係のないはずの彼が神社関係者として紛れ込み、所作もこなせたのか……。

その疑問は残る。

とにかく、お祓いそのものは失敗したが、事件の解決には至ったと、有馬氏からの連絡で知らされた。

その後、有馬氏から改めて連絡をもらったのは、美智子さんが出産したということで、お祝いを包むから、少し出せという話であった。

ただ、その赤ちゃんは男の子で、顔に大きな切り傷の跡があるのだと、有馬氏は教えてくれた。

痣の顛末

あるとき、有馬氏に旅館に呼び出された。

指定された駅で降り、とある町に立った。

駅から旅館までの道のりは、何も用事がなくても再び訪れて散歩したくなるような風景だった。

片側一車線。

右側には、古い日本家屋が並び、長い歴史を感じさせたが、逆側の道路沿いはシンプルモダンの鉄骨造が続く近代的な雰囲気が漂っていた。

途中、小さな石橋を渡る。

夏の町は、陽射しが川面を照らし、町内放送が耳に響いた。

さらに歩くと、香ばしい焼き魚の匂いと、団子の甘い香りが混ざり合っている。どこかに定食屋でもあるのだろうか。団子屋は、帰るとき立ち寄って土産にしようと考えた。

次に、日本家屋の歩道から細い路地に入る。

黒塀の家並み、木製の網戸、灯籠が並ぶ通り。

蝉の声が頭上から降り注ぎ、足元からは昔なら石畳の冷たさが感じられたはずだが、残念ながら今は照り返しでそれどころではなかった。

そして、ついに旅館が視界に入る。

その姿は古き良き時代の趣を残す大型旅館で、大正ロマンを思わせる建築美が際立っている。洗練された木造の外壁は、年月を重ね、より魅力的になっている。

二階建てに屋上が追加され、その周囲には細長いバルコニーが巡らされて、あたかも城のように見えた。重厚な門が立ち、その両側には灯篭が並んでいる。建物自体は、静謐な和風の美しさを放ち、広々とした中庭を持つ。

一歩門をくぐると、広大な庭園が広がっていた。紫陽花が咲き誇り、低い竹垣が覆う。

その向こうには、旅館の正面が見える。玄関の石畳の道が庭園を貫き、建物へと続いている。

旅館の正面玄関から、屋内に入ると、涼やかな風が通り抜ける吹き抜けのロビーがある。木の香りが訪れる者を心地よく迎え入れた。

有馬氏の部屋は、この旅館の二階に取られていた。

ノックをして、ドア越しに挨拶をする。

反応がないのでドアノブに手をかけると、鍵はかかっていなかった。

中に入る。

十二畳ほどの広さの部屋は落ち着いた色調の畳。自分に知識はないが、おそらく高価な柿の木が描かれた立派な掛け軸が飾られている純和風の床の間がある。

窓には簾が落とされ、薄い日差しと少々の風が室内を心地よく涼しくしている。照明が一段階暗くされている部屋の奥に有馬氏は居た。

「外、いい天気ですよ。簾なんて下げちゃって」

部屋に足を踏み入れながら窓を指さす。

氏は大窓近くの籐椅子に座っていた。湯呑を片手に持ち、こちらに目を向けると、少し笑う。

「雰囲気があっていいじゃろ？」

彼は外の天気よりも、この旅館の部屋そのものを楽しみたいようだった。

「それはわかりますが、せっかくの窓からの風景も楽しんでみては？」

と問いかけた。

その言葉に、有馬氏はわずかに口元を緩めた。

「旅館というのは、自分の好きなようにするのが、いいのじゃよ」

彼はゆっくりと手に持った湯呑を口元に運び、一口すすった。

「しかし、こんなところまで呼び出しとは、いったいどうしたんですか？」

改めて自分が呼び出された理由を尋ねると、有馬氏は湯呑をテーブルに置いた。

「いやな。今夜、祓いの仕事がある。それまで、暇なのじゃよ」

ゆったりとした口調で返答をする。要は、その時間まで暇つぶしの相手をしろということなのだろう。その返答の代わりに、私は憮然とした顔をした。

それを見て、有馬氏はにっこりと微笑みながら、取材のネタになればと、以前に体験した話を聞かせてやろうと申し出てくれた。

＊　＊

それは、口コミや紹介だけではお金がほとんど稼げない、有馬氏が厳しい日々を送っていた頃の話だ。

私が見る限り、彼の技術は確かなものなのだろう。しかし、それが広く伝わらなければ意味がない。有馬氏はそんな状況に疲弊していたという。

その時代、個人ホームページが一大ブームとなり、誰もが無料で自分専用のサイトを持つことができるようになっていた。

この新しい波に乗り遅れまいと、有馬氏は自分のサービスを広く伝えるためのページを持とうと考えた。友人知人のつながりで、格安でホームページを作ってくれる人に出会い、その手を借りてサイトを立ち上げることができた。

要望どおりの情報がサーバーに上がり、初めての一歩を踏み出す。

しかし、有馬氏はＩＴに詳しくはなく、新しい情報を頻繁に追加することは困難だった。ただ、彼が望んでいたのは、単純にメールを通して依頼が来ればよいということだった。

多少、他人よりも操作を覚えるのに時間がかかるのは、大きな問題とは感じていなかった。有馬氏は定期的にパソコンを立ち上げると、メールソフトを起動し、新着メールをチェックした。

あるとき、一通のメールを受信した。氏はそのメールを開いてみた。差出人は一見、何の変哲もない女性の名前。しかしそれは、初めてのインターネットを通した依頼だった。

「二十歳になったその日に現れたものです。両親が闇金関係者だったので、誰かから怨みを買ってしまい、こんなことになっているのだと思います。どうか助けてください」

メールには深刻な悩みが綴られていた。氏はメールに添付されていたファイルを開こうとした。添付ファイルを開くことに手間取り、友人に電話をかけて手順を教えてもらった結果、ようやくそのファイルを開くことができた。

画面に映し出されたのは、左袖を肩までまくった女性の腕の写真だった。

その肌は白く滑らかで、しかしその美しさを嘲笑うように、暗紫色の痣がはっきりと映し出されていた。それは肘と肩のちょうど中間辺り、中央部が深く窪んでおり、周囲に向かって徐々に色が薄くなる、まるで男性の大きな手が強く握りしめたような模様だった。

有馬氏は、女性からのメールを見つめたまま、しばらく沈黙していた。そして、祓い屋として、女性への返信メールを打ち始めた。

彼の指はゆっくりとキーを押していった。

相手はそうとう怖がっているだろう。かなり怯えているはずだ。そんな彼女を安心させるため、一言一言を慎重に選んだ。

彼はメールで依頼を引き受ける旨を伝えるとともに、女性の住所や両親について、そして何かほかにも気になる点や、とくに注意すべき事柄があれば教えてほしいと書いた。

彼はメールが送信されたことを確認すると、少しの間思案にふけった。

すぐに電話で、ということも考えたが、この先メールで仕事を受けることが増えるとすれば、よい練習になると思い、メールのみのやり取りを選択した。

そして、彼女からの返信がくるまで、受信ボックスを何度も確認することになる。

それからの数日は、彼女とのメールのやり取りを通じて、祓いの詳細を詰めることに費やされた。


八月十日。

それは彼女、猪飼百合香が指定した日だった。

その日、有馬氏は新幹線を乗り降りし、在来線へと乗り換えて、教えられた駅へ向かった。

午後三時を少し回った頃、彼は田舎の風景が広がる古びた駅舎に降り立っていた。

駅舎は年季の入った木材で組み立てられ、錆びついた屋根はもうずいぶんと手入れがされていないように見えた。周囲には人影が二、三人。

有馬氏の服装は、相手がすぐ自分だと気がついてもらえるようにと、単衣だ。真っ白な布地は夏の暑さを少しでも忘れたかったからだ。

「こんにちは」

背後から、柔らかな声がした。

振り向くと、女性が立っていて、すぐに依頼者である猪飼百合香だとわかった。

彼女は涼やかなワンピースに長袖のカーディガンで、麦わら帽子がよく似合っていた。有馬氏は髪を整える仕草をして深呼吸をした。

「有馬と申す。ご存知のとおり、祓い師をしとる者じゃ。よろしく」

彼は自己紹介をした。

彼女、猪飼百合香も自己紹介をし、「有馬さん、よろしくお願いします」と静かに言葉を返し、微笑んだ。

「さっそくじゃが、貴女の家へ案内してくれんか」

百合香は、頷くと、「こっちです」と、踵を返して歩き始めた。

「ここです」

百合香が指さしたその家は、築三十年くらいの白い戸建てだった。灰色の門柱には、石の表札が埋められている。こげ茶の門扉は、格子になっていて玄関が透けて見えている。その玄関は真っ黒で、上下にひとつずつ鍵穴が開いている。その横に、通りに面しているからか摺りガラスの窓があった。

「どうぞ、中へ」

有馬氏が家構えを観察していると、百合香は丁寧に上下の鍵を開けて玄関扉を開いた。有馬氏はエスコートされる形で百合香の家へと入っていった。

下駄箱の上に、金木犀の芳香剤が置かれていて、それがふわりと香っている。

玄関の先には廊下。左手には引き戸の先にダイニングキッチンと居間。右手には階段とトイレ。突き当りにはやはり引き戸があり、そこは和室だと聞かされた。

階段を上がり二階へ行くと、両親の寝室、書斎、百合香の部屋がある。

一階の和室は亡くなった祖母が使っていたもの。書斎は書斎になる前は行方不明になった三歳下の弟が使っていた。

そんな説明を受けながら、百合香の部屋へと有馬氏は通された。

部屋の印象は、綺麗だということ。淡い水色で統一された家具や寝具。壁紙は白く、染みひとつない。四段の本棚の横にはスチールフレームの洋服掛けとテレビ台が並び、その奥は収納になっていた。

掃き出し窓はカーテンが引かれてその先は見えなくなっているが、ベランダがあるのだという。その中央、丸いテーブルの傍らに座布団が敷かれ、有馬氏はそこに腰を下ろした。

「痣を見せてくれんかの」

百合香も対面の座布団に座る。一拍おいて、有馬氏は百合香にカーディガンの袖をまくるよう頼んだ。

それに応えて百合香はそっと袖をまくり、左腕を露出させた。

何度もパソコンで確認した痣だ。初めて直接肉眼で見るそれは、有馬氏にとって非常に禍々しく思えた。デジタル画像では伝わってこないのが不思議なくらいに。

「少し……広がったかの？」

と、百合香の顔に視線を戻した。

彼女は、小さく頷いた。

「ありがとう」

有馬氏がそういうと、百合香は袖を元に戻した。

「ご両親が闇金関係者だという話をもう少し、詳しく教えてくれまいか？」

メールでやり取りしたことは、痣が出てから百合香に異変があったかどうかや、百合香自身が痣を消すために試したこと、そしてやはり痣を消すために個人でできそうなことを有馬氏がアドバイスしたことくらいだ。その結果どうだったとか、では次はどうするだとか、そんな内容をメールの往復で交わしていた。

今はこうして対面している。何か百合香が忘れていたようなことも聞き出せるかもしれないと、百合香にいろいろと質問をしていくことにした。

「私の両親、直樹と美咲は、この町で生まれ育ったと聞いています。私や弟が生まれる前は、サラリーマンと専業主婦をやっていたそうです。それがある日、祖父の遺産と生命保険が入ると、町の人たちにお金を貸し始めたそうです。その後、私と弟が生まれました」

百合香は一息ついてから話を続けた。

「それが軌道に乗ると、父は仕事を辞め、母と一緒に一日中、電話をかけていました。金貸しの営業と返済の催促です。両親がやっていたことは、地域社会で大きな問題になりました。町の人々は両親を忌み嫌い、避けていった。その態度は、だんだんと表に出るようになっていきました」

彼女の顔には、そのときの恐怖と悲しみが浮かんでいた。

「多くの人々が私たち家族に対して、その怒りをぶつけてきました。家の壁にひどい悪口を落書きされたり、動物の死骸が投げ込まれたり。そして両親が急死した後、それはさらにひどくなりました。私に対する風当たりが強くなり、私は外出すらも怖くなってしまいました」

彼女から、両親は不慮の事故で亡くなったと聞かされているが、今の話を聞く限り、そうとも言い切れないと有馬氏は考えた。

百合香の目に涙が滲む。

「私の二十歳の誕生日、その日からこの痣が出現しました。そのときに初めて、両親の罪が自分にまで及んだことを実感しました」

百合香は最後に深く息を吸い込み目を閉じた。

「だから、どうか、この痣を祓ってください」

彼女の声は一瞬弱くなり、彼女は有馬氏に向けて深く頭を下げた。

しばらくの間、彼女はそのままの姿勢を保ち、その後ゆっくりと頭を上げて再び語り始めた。

「私の父は支配欲に強く惹かれていました。借金を返さない人たちを怖がらせることが、父にとっては何よりの愉悦だったようです。毎日、大声で電話をかけ、ときには怒鳴り、脅しをかけていました。誰に対しても冷酷で、無慈悲で、もちろん私や弟に対してもです。彼の目には唯一、お金が映っていただけで、愛情などはどこにもありませんでした」

百合香は口元に手を当て、一息ついた。

「母は父とは違って、表向きは優しい人でした。でも、それはあくまで表面上だけのこと。裏では、彼女もまた父と同じように、借金取りに転身していました。彼女が借金を返さない人たちに電話をかけるときの声は、父とは対照的に甘い毒のようでした。彼女は、人々を甘言で惑わし、結局は父と同じ目的を追っていました。父と母、ふたりの姿を見て育った私は、その姿が普通のことだと思っていました。

それが、私の家庭だと」

大粒の涙がこぼれた。

「両親が闇金関係者だという事実が広まり、人々から怨みを買っていたと知ったとき、私は初めて、両親の行為が間違っていたことを理解しました。それが、この痣が現れるきっかけになったのです」

彼女の声は絶望に満ちていた。

「弟さんは?」

「十年前のある日、学校から帰宅すると、母から弟が見当たらなくなったと聞かされました。警察にはもうお願いしてあるから心配するな、と。でも、それっきりでした。両親に聞いても他人事のように、わからないといわれるだけ。警察にいっても探しているから待つように、とだけで」

百合香の両親は金の亡者で、我が子に愛情がないときている。人が行方不明になった場合、失踪の要件を満たせば、死亡したとみなされる。当然、死亡保険金の請求が可能となる。弟はあるいは……。


百合香が狙われなかったのは、成人したら風俗にでも、と思われていたのではないか。有馬氏はそう考えたが、それを口にすることはしなかった。

「あいわかった。安心してわしに任せるがよい」

有馬氏も深く頷き返すと、自分の胸板を叩いて見せた。それは両親の急死以来、この広い家でひとりで暮らしている百合香を元気づけようとした有馬氏の精一杯の演技だった。


ふたりは、家の中で一番広い一階の和室にやって来ていた。十六畳ほどでいまは物置として使っているが、今日は綺麗に片付けられていた。有馬氏がメールで、お祓いをするときはできるだけ広い場所を、とお願いしたからだ。

彼は、何十年も昔から設営してきた祭壇を慣れた手つきで組み上げていった。モノは事前に輸送業者によってこの和室に運び込まれていた。

すべてを送ると費用が高くついてしまうので、彼は自分で運べるものは持参していた。年季の入ったスーツケースを開き、中から簡易的な祭具をひとつひとつ取り出し並べていく。祓箒、祓串、注連縄、塩、清酒。それぞれ意味を持っている。

祈祷のための袴にも着替えた。

その胸元には、白い線で織りなされた家紋が鮮やかに映えている。これらの衣服は彼の信仰と自身への誓いを体現している。

用意した祝詞を、慎重に何度も読み返し、その文字に宿る神聖さを再確認する。その祝詞は有馬氏が書いたもので、その筆致は旋律を奏でるかのように美しく描かれている。

「さて……」

有馬氏は準備を終えて身を起こし、自分の後ろに正座して待っていた百合香を見た。彼女の唇は固く閉じられ、緊張しているようであった。

彼は静かに立ち上がり、祈祷の儀式を始めた。

祝詞を声に乗せ、重々しくゆっくりと唱え始める。

その声は部屋中に広がり、祈祷の氣が徐々に強まる。

彼の口から出る言葉は、百合香の身体に吸い込まれ、その痣に影響を及ぼし始める。

祓箒と祓串を使って、百合香の身体周りの空間を祓う。その行動ひとつひとつが、宇宙の調和と人間の精神の浄化を促すものである。

繰り返される祝詞、空間を彩る祈祷の氣、そのすべてが百合香の痣に対する有馬氏の願い、彼女の痣を清めるための祈りであった。

「薄くなったような気がします」

一通りの儀式が終わったところで、百合香は袖をまくってみた。

百合香の声は、それまでの緊張から解放され、明らかに安心していた。その感触を確かめるかのように、彼女は何度も自身の左腕を撫でていた。

しかし、痣は薄くなったものの、まだそこに残っていた。

「うーむ、本来ならすっかり消えていてもよいのじゃがなぁ。やはり、怨念の質が濃いのかもしれんな」

有馬氏は彼女の痣を目で追い、頷きながら深く考えていた。その眉間に刻まれる皺は、今までにない困難さを示していた。

それでも、彼は彼女に問いかけた。

「明日、もう一度、祓ってみるかの。よいか？」

その問いに、百合香は即座に返答した。

「はい、ぜひお願いします」

「わしは四つ隣の駅前に宿を取っておるから、一度戻る。また、明日の朝に来るので、よろしくの」

有馬氏が告げると、百合香は礼儀正しく頭を下げ、その提案を受け入れた。

しかし、翌日の祈祷が終わったとき、痣の色はわずかに薄くなっているだけで、完全に消えることはなかった。

さらに次の日、曇りの空が広がる朝七時。

有馬氏は再び百合香の家を訪れた。

「おはよう」

深い響きのある声でインターフォンを通じて挨拶をする。すぐにスピーカーから返ってきた百合香の声は、昨晩別れたときとくらべると明らかに淡々としていた。

その異変を感じ取った有馬氏だったが、彼女は何も語らずに家へと招き入れた。

薄暗い廊下を通り、祈祷をした和室へと案内される。窓の外には、上空に濃い雲が押し寄せる光景が見えている。

「どうしたんじゃ？　昨日よりも元気がないようだが……何かあったのかの？」

有馬氏は心配そうに柔らかい声で百合香に問いかけた。

「実は……」

彼女の返答はひどく遠慮がちだった。

彼女は背中を向けてＴシャツをまくり上げた。

彼女の右の肩甲骨辺りに、暗紫色の巨大な手形が鮮明に映っていた。

夕べまでの時点では、左腕の痣は明らかに薄くなっていた。誰が見ても、状況はよくなっていると判断できただろう。有馬氏自身も、これから祓いを何度も重ねれば成功するだろうと確信していた。

しかし、その希望は打ち砕かれた。新たに出現したこの巨大な痣は、今回の祓い全体に、不吉な影を落としていた。

「ならば本日は別の祝詞を試させていただこう。なに、心配するでない。昨日はあれほど薄くなったのだ。これは、恨みが抵抗を見せてきた、祈祷は効いていると捉えたほうがよい」

有馬氏は努めて明るい声で百合香を励ました。

彼はすぐさま、次の祈祷の準備を始めた。

有馬氏は一枚の奉書紙（和紙のこと。公文書として使われ、儀礼などで文化として残り、祝詞など神事にも使われるようになった）を羽織から取り出した。その紙は繊細で、見るからに貴重なものだった。

それを目の前の小さな机に広げ、そして手元に置かれた鞄から筆と墨汁を取り出した。それらの道具は用意周到に整理されており、有馬氏が長年、愛用してきたものだ。

「よいか？ 祝詞というものは、決まった言葉のものもあれば、このようにその場に応じて作成されるものもある。お祓いは、神に降臨いただき問題を訴えること。その神に届く言葉は、大和言葉や和語とも呼ばれるが、基本的には訓読みで構成されている言葉の集まりなんじゃ。今から作る祝詞は、おぬし専用の祝詞じゃから安心して待つがよいぞ」

有馬氏は明確な説明と保証を織り交ぜた話し方で百合香を安心させるように努めた。彼の言葉は慎重に選ばれ、穏やかなトーンで紡がれていた。それはまるで、医者が患者に病状や治療方法を丁寧に説明するインフォームド・コンセントのようであった。

「それとな、本当に申し訳ないが、できるだけ上半身の露出が多い服装に着替えてきてほしいのじゃ。祈祷をしながら、痣の状態を見たいのでな」

百合香は頷くと、自分の部屋へ向かった。

それからはしばらく沈黙の時間が続いた。

有馬氏は新しい祈祷をする準備に集中した。

有馬氏が新しい祝詞を書き終わるのと、百合香が和室に戻るのは同時であった。彼女はチューブトップにジーンズといった姿で現れた。

「おぉ……。さ、さて、待たせたのう。これから、新しいその肩の痣ごと消してみせようぞ」

一瞬、自分でお願いをしておきながら、彼女の服装にどきりとする有馬氏であったが、すぐに気を取り直して、力強く祈祷の成功を宣言した。

彼は独特なリズムを刻む祈祷の言葉を口にし始めた。それは昨日、一昨日と続いた祈祷とは異なる、新たな祝詞だった。

そして、その祝詞が終わる直前に、奇跡的な変化が見られた。百合香の右肩に新たに現れた痣が薄くなっていくのだ。

有馬氏は喜びを抑えつつ、祭壇に向かい、祝詞に集中した。

「どうじゃ?」

祝詞を最後まで奏上すると、彼は振り返り、自信に満ちた声で問いかけた。

右肩の痣が薄くなったことから、左腕の痣も消えているに違いないと思っていた。

しかし、百合香の左腕にはまだ痣が残っていた。ただ、それはさらに薄くなっていた。

「不思議じゃ。消えるわけでもなく薄くなる」

有馬氏は純真な驚きを隠せなかった。

「あの……何が不思議なんですか?」

百合香が恐る恐る問いかけると、有馬氏は深刻な表情で答えた。

「お祓いとは、何かを払うことじゃ。神様に対して問題を取り除いてほしいとお願いをするわけじゃな。つまり、仏教の成仏と異なり、問題を消すわけではなく、どこか別の場所に移すのがお祓いじゃ」

百合香は説明を静かに聞いていたが、その表情はすべてを理解したわけではなさそうだった。

「あー……痣が消えるならわかる。痣の原因にどこかへ去ってもらうわけじゃやからな。ところが、薄くなるというのがわからん。薄くなったということは、存在が希薄になったということ。成仏に近く、お祓いの概念からは遠ざかることなんじゃや」

結論としては、その日のお祓いも失敗に終わった。

有馬氏は失意の中、宿へ戻るしかなかった。

近くのコンビニで買った日本酒を片手に自棄酒を傾けた。これまで三回、祝詞による祈祷を試みていたがいずれも成功しなかった。むしろ、彼女の状態が前よりも悪化したかもしれないと感じていた。解雇されるのは間違いないと自分を責めていた。

次の日、夜明けとともに、有馬氏が宿泊するホテルの部屋の電話が鳴り響いた。


受話器を手に取り、何事かと思いながら応答すると、それは百合香からの連絡だった。今度は彼が恐る恐る尋ねる番だった。

「おはよう、どうしたのじゃ？」

落ち着いた口調で挨拶をして、彼女の電話の理由を探る。

しかし、彼女からの返答は思っていたものとはまったく異なった。

「痛いんです……」

彼女の声は震えており、今にも消え入りそうだ。

「痛い？」

受話器を握る手に力が入る。彼女の言葉をただただ反復し、何を意味するのかを問いただした。

「痣が焼けるような感じで。今までにないことで……助けてください」

彼女の声は最後の部分でほとんど聞こえなくなった。

「待っておれ！　今すぐ向かう！」

有馬氏は必要最低限の身支度を整えて、彼女の家へと急いだ。

有馬氏が百合香の家に到着すると、鍵は開いていた。百合香が開けておいてくれたのだろう。百合香の部屋へ行くと、彼女はベッドの上で苦しそうにしていた。彼女の細い体は微熱に震え、額からは珠のような汗があふれていた。

有馬氏が去ってから間もなく、抑えることのできない寒気と激痛が彼女を襲い、彼女は一時、意識を失ったのだという。

そのまま夜明けを迎え、気がついた彼女は有馬氏に助けを求めたというわけだ。

彼女の意識はまだ朦朧としているようだった。

有馬氏が来てくれたことを理解し、どうにか意識をはっきり保とうとしたときだ。再び彼女を激痛が襲った。その痛みは痣からくるものだった。

有馬氏は百合香の状態を確認すると、自身の懐から二枚の奉書紙を取り出した。

それはまるで魔術師のように素早く、紙とともに取り出された筆ペンで流麗な文字を紙に記した。

紙に文字を書き終わると、有馬氏はそれを自分の顔の前に掲げ、祈りの言葉を口にした。

それから、彼はその紙の一枚を彼女の額にそっと押し当てた。

その紙は手品師がやるように、一瞬のうちに発火し、煙とともに消えていった。

「どうじゃ？」

彼は静かに尋ねた。

「はい……う？　ううぅぅ、げぇぇぇ！」

彼女は驚いた表情を浮かべ応答した後、突如として嘔吐した。

嘔吐物の中から、ゴルフボールほどの黒い塊が滑り落ちてきた。

その塊が床に落ちると同時に、有馬氏はもう一枚の紙をそれに貼り付けた。

と、黒い塊は霧のように消滅した。

それを見て、有馬氏の顔には深い憂慮が浮かんだが彼は再び彼女に声をかけた。

「どうじゃ？」

「はぁ……はぁ……。え？　あれ？」

彼女は再び息を荒くし、驚きの表情を浮かべて、自分の額に手をやった。

熱はすっかり消え、平熱に戻っていた。

それはまるで、発熱など初めからなかったかのような様子だった。

「何が、何が起こったんですか？」

驚いて、百合香は問うた。

「今のは、おぬしの体内に集められてできた怨念の塊じゃ。簡単にいえば、痣は薄くなったのではなく、祝詞によって深くおぬしの中に沈んで隠れただけじゃ。どのような手段を用いるのが最善か、正直、わからん。が、わしは決して諦めぬ。もう少し、わしに任せてはくれまいか？」

その言葉に、百合香の目から、静かに涙がこぼれ落ち、頬を伝って床に落ちた。彼女は何もいうことができず、ただ、黙って頷いた。

それが、有馬氏の願いを受け入れた証だった。

それからは、試行錯誤の毎日であった。

もちろん、百合香の負担にならぬよう、短時間の間にあれこれと試すことはしなかった。

儀式は一日に一回行い、都度、痣の状態を窺った。

護摩祈祷は、効かなかった。

遠隔祈祷は、空振り。

口伝祈祷など、百合香本人に覚えさせてみたが、効果が見られることはなかった。

様々な儀式を通じて、彼の額には絶えず汗が滲み、声は粘り気を帯び、その手は神聖な祭壇を何度も整えた疲労により細かく震えていた。

おそらくは、有馬氏のプライドが成せる技なのかもしれない。

それ以外の手段も、いわゆる民間療法から宗教の境界を越えた試みまで、痣を消すために試してみた。

有馬氏は百合香を連れて、神秘的な森から高い山まで、パワースポットと呼ばれる場所を訪れた。そこで、彼らは何度も手を合わせ、祈りを捧げた。

また、神聖とされる清らかな水を百合香の痣にかけ、力を持つとされる石を握らせた。空気に満ちているといわれているパワーに接触しようとした。

しかし、痣の薄さにはほとんど変化が見られなかった。

百合香はたびたび痛がり、発熱することもあった。その都度、有馬氏は白い紙を取り出し、即席の札を作っては百合香を助けた。

正直、手詰まりだった。

だが、有馬氏の決意は変わらなかった。

「困ったものじゃのう、正直、こんな形で皆に頼むとは……」

有馬氏は深いため息をつき、その目にはちょっぴり遠慮が見えた。端が磨り減った皮張りの手帳を懐から取り出し、百合香の家の据え置き電話を借り、友人たちに話しかける様子は、かつての修行時代を思い起こさせた。

青春の日々、一緒に汗と涙を流し、同じ道を歩んできた仲間たちに向けて、彼が頼み事をすることは自身のプライドを捨てることになる。

通話がつながると、その声は厳かさを増し、神職としての誇りを感じさせた。

その言葉はかつてと変わらぬ誠実さと、今、必要とされる強さを備えていた。

その後、百合香を連れていったのは、それぞれが歴史と尊厳を持つ数々の荘厳な神社だった。

古木が絡み合う参道を進み、美しい本殿で、各地の神職たちは百合香に対し最善の祓いを行った。

とんでもなく長い祝詞を奏上する者、見たこともないような道具を持ってくる者、親交がある神職をすべて集め大人数で護摩祈祷をする者。

それぞれの祓いによって、痣は少しずつ薄くなっていった。

しかし、完全に消え去ることはなかった。

それでも、彼女の頬にはかすかに安堵の色が浮かんでいた。

有馬氏の努力と彼が信頼を置いた仲間たちの力が、確実に結果を出している証だった。


「おお……これは……」

有馬氏の声が驚愕とともに上がった。

あまりのことに彼の目がぱっちりと見開かれ、その深く潤んだ瞳には信じられないという感情が強く反映されていた。

ついに彼らの試みが実を結んだ。

大人数の神職による一大行事、大祓の祝詞の一斉唱が、痣を見事に消し去ったのだ。


「やはり大祓の祝詞か……」

誰かがつぶやいた。

彼らが奏でた祝詞が空間を包み、その場にいる全員の意志がひとつに結集した。

百合香はその場で口元に手をやり、涙をこぼした。それは感動の涙で、純粋な喜びから流れるものだった。その瞳からは、達成感と深い感謝の感情があふれていた。

その夜、祈祷を成功させた神社の境内で、全員が祝杯を挙げた。

誰もがお互いの功績を称え、またお互いを労った。成功の喜びと達成感がその場を盛り上げ、ひとつの長い旅路が終わりを告げた瞬間だった。

朝の淡い光が駅舎を照らしていた。

淡々とした時間が流れ、待ち時間を惜しむ人々が行き交う中、有馬氏は百合香に見送られながら、その場を去ろうとしていた。

彼の背中は重苦しく、なんとなく前に進むのに力を必要としているかのように見えた。

「あの、すみません。くどいようですが、なぜ報酬を受け取ってくれないのですか？」

百合香の声は純粋な疑問で満ちていて、しかし彼女の瞳には悲しみが潜んでいた。

祈祷の報酬は、決まっていなかった。

成功したらそのとき考えようと思っていた。

有馬氏は百合香を見つめた。

彼の顔には深い苦悩が表れていた。

「悪いが、今回は受け取れん。そもそも、最初の祓いで済ませるはずじゃったが、まったく駄目だったからの。おまけに、ほかの宮司まで担ぎ出して、恰好悪いことこの上ない」

有馬氏の言葉には自責の念が込められていた。

百合香は、彼に反論した。

「それでも、痣は消えたじゃないですか」

「それでも、じゃ……」

有馬氏の言葉は重く、深く、暗かった。

百合香が渡そうとした報酬は、高級車を買えるほどの額だったが彼はそれを固辞した。

「ま、金なんてもんは、たくさんあっても困ることはない。達者でな」

有馬氏は最後に百合香に向けて小さな微笑みを浮かべ、一礼すると改札の奥へ消えた。

＊　＊

「それから、一か月後くらいかの。彼女が首吊りで見つかったのは」

有馬氏の声はひどく沈んでいた。

彼の話が一気に絶望的なものへと転がるとは思っていなかった。

言葉が部屋に重く響くと、私は思わず彼の顔を見つめる。

「え……？」

驚いて、それしか声が出なかった。

「亡くなった、ということですか？」

「当然、死体じゃ」

有馬氏はうつむき、重く頷いた。

「いやいや、痣はなくなって怨念は消えたのでしょう？」

有馬氏は自嘲気味に笑った。

「たしかにそうじゃ。でもなぁ、直接会った瞬間に気がついてはおったんじゃ。彼女を取り巻いていた怨念はそれだけじゃないことに」

私は有馬氏の目を見つめた。

「そうだったんですか⁉　だったら、それを忠告して祓うこともできたんじゃないですか？」

有馬氏は部屋を見渡し、下がった簾に目を向けた。

「いや、あれは無理じゃ。おそらく、あの当時、彼女の両親にひどい目、それこそ自殺に追い込まれた人だっておるじゃろう。そやつらがずっと猪飼家を呪っておった。もしかしたら、今もなお、恨んで呪っておるかもしれん」

「そうか、祓っても次から次へと……」

私は理解したような顔をした。

「さよう。当時のわしには、そんな残酷なことを彼女にはいえんかったのじゃ」

彼は頷き、深い後悔が顔に滲んでいた。

すっかり日が暮れ、夜が訪れていた。

部屋はほのかな灯りだけで照らされ、有馬氏の影が壁に長く伸びていた。

「これで話は終いじゃ。どれ、仕事にでも行こうかの。じじいの戯言に付き合わせて悪かったの」

言葉を残し、有馬氏は静かに立ち上がった。

彼は、弟子を待たせてあるといい残し、部屋を出ていってしまった。

私はふと、部屋の隅に掛かっていたカレンダーを見て今日の日付を思い出した。

八月十日。

有馬氏が百合香と対面したという日であった。

「昔の後悔を誰かに聞いてほしかったのかな」

私は、そうつぶやくと、取材ノートを閉じた。

無医村のまじない師

「で、実際、どうなの?」

自分の吐く息が白いのを見ながら、隣にいる裏部の反応を窺った。

「いやぁ、どうでしょうね。たしかな情報だとは思うんですが」

気圧されたのか、頭をしきりに掻く仕草をして、裏部は返答した。

広い公園の端にある長いベンチで、男がふたり並んで座っている。

右隣にいるのは裏部だ。

昨晩、連絡があり、付き合ってほしい場所があると呼び出されたのだ。

訊けばこの公園が心霊スポットなのだそうだ。

夜、子どもがしゃがんで泣いている。

こんな夜遅くに子どもなんて、と心配して声をかけると、すっと立ち上がり駆けていってしまうのだという。

もちろん、幽霊だ。

現れるのは、回旋塔が撤去された跡。

よくよく調べると、昔、回旋塔で事故があり、幼い子どもが亡くなった。危険と見做した役所は回旋塔の撤去に踏み切ったのだという。その子どもこそ、この公園に出る幽霊なのだそうだ。

「で、怪異が起きるまで一緒に待ってほしいと?」

腕時計は零時を示そうとしている。終電が近いが、車で来ている我々には関係のないことだ。私はポケットのカイロを握りながら、うんざりと問うた。

この寒い中、出るか出ないかもわからない怪異を待つという愚行に呆れているのだ。そもそも、本当に出るとしても、それは今日じゃないかもしれない。一〇〇パーセント出るなどということはあり得ない。それでも、この男は待つのだという。

「はい。なんでも、そこの、ええそこです、その何も遊具がなくて不自然に広い場所、あるじゃないですか。そこに『出る』って噂です。あ、それまで、これの由来でも聞きますか？」

裏部は、珍しく持参したリュックから取り出した市松人形と手毬を顔の高さまで持ち上げて、楽しそうに話す。こいつを殴りたくなるのは、何度目のことだろうか。

「それってさぁ、呪物なんだろう？　どこかからもらったんだか預かったんだかって。それともネットオークション？　霊障があるのは苦手なんだから、そういうのは勘弁してよ」

軽く手を振って話題を切ろうとした。

「いやいや、これくらい強烈なものはネットオークションじゃ手に入らないですよ。家じゃけっこういいガラスケースまで買って飾っているんですよ」

裏部は大仰に両手で持った物を上下に振った。

「そこまでするのは珍しいね。いつもなら棚に飾る程度でしょ？」

「まぁ、そうなんですけど、これって特別なんで」

「呪物って専門外なんだよ。お前ほど詳しくないし、できれば一生縁のないほうが嬉しいよ」

小刻みに手を振り、拒否の意思を示した。

「あ、そうだ。買ったといえば、お土産なんかどうです？」

裏部はリュックから菓子をいくつか取り出して寄越した。

「あれ？　これって……」

「わかります？　ちょっと前にインドネシアに行ってきたんですよ。しかも、バリ島」

ニヤッと笑い、お土産だといった菓子をひとつ自分で開けて一口。

「人への土産を自分で食うなよ……。ありがたくもらっておくよ。で、なんで、バリ島に？」

憮然とした表情で問うた。

「有馬さんに同行したんです、弟子として」

バリバリと菓子をほおばりながら、意味ありげにこちらを指さしさらに笑う。

「マジ？」

一瞬で冬の寒さが消し飛ぶ思いだった。

「ええ、楽しい経験でしたよ。呪物関連だったので、俺が呼ばれたって感じで」

「おいおい、市松人形よりもそっちの話を聞かせてくれよ」

怪談とは関係ない話で申し訳ないが、私は三十代の頃には一年に三回はインドネシアを訪れていた。当時は怪談の蒐集などしていなかったが今は違う。そこの呪物にまつわる話があるといわれ、完全に横に向き直る形で、私は彼の話しを待ち望んだ。

＊　＊

十一月。日本は夏の名残などまったくなくなり、寒い日々が続いていた。前月は北海道で初雪がどうしたとニュースで流れていた。

そんな中、裏部はこの日、暖房がよく利いた部屋で呪物のネットオークションに興じていた。画面に表示された物のほとんどは眉唾物。価値があると出品される骨董品が、何ら値段もつかないまがい物、という話はよくあるが、呪物でもそれは同じだ。

呪物は呪われた物、あるいは呪いをかけるための道具ということだが、呪い（まじない）ということであれば、所持者に幸運をもたらす物も、この類に入るのだ。

しかし、呪物好きな者はどちらかというと不吉な物に傾倒していることが多い。もちろん、彼も例外ではない。

出品されているほとんどが、持っていると障りのある物として紹介されているが、実際のところ、手に入れて手元に置くまで確かめようがない。そこである程度の眼識とかそれなりの知識が要求される。

裏部はインスピレーションで購入を決めるので、天性の呪物好きなのだろう。

マウスのホイールをグルグルと回しながら、ブラウザに表示された画像をスクロールさせていくが、その日は一向に自分を刺激してくる呪物にはお目にかかれなかった。

「今日のところは諦めて寝るか」

背伸びをしたときだった。手元に置いていたスマートフォンが鳴った。画面の着信表示には、『有馬』の文字。裏部は慌ててスマートフォンを取り上げると通話ボタンを押した。

「もしもし、有馬さんですか?」

「ご無沙汰じゃの」

「どうしたんですか? こんな真夜中に」

「いやな? 突然じゃが、おぬし、インドネシアに興味はないか?」

「インドネシア……?」

「正確にはバリ島じゃ」

「お祓いですか?」

「そうじゃ。おぬしの好きな呪物を祓いにいくんじゃ。手伝いにこんか?」

「もちろん行かせていただきますよ。出発はいつですか?」

「十日後じゃ。それまでに準備しておいてくれ。詳細は封筒を送ったので、それを読んでおけ」

「わかりました。あ、旅費とかって?」

「もちろん、こちら持ちじゃ。ただし、向こうでの飲食は自分持ちじゃぞ?」

「了解です」

かくして、裏部は十日後、成田国際空港に向かうのであった。


インドネシア共和国、通称インドネシアは、一万七千以上もの島から成る世界最大の群島国家だ。首都はジャワ島のジャカルタで、国内最大の都市となっている。

島々は先述のジャワ島や、スマトラ島などが有名で、バリ島は観光産業が盛んな島として日本ではよく知られている。

バリ島へは成田国際空港から大手航空会社が直行便を運航していて、七時間から八時間のフライトでデンパサール国際空港（ングラ・ライ国際空港）に到着する。

バリ島の特徴として、インドネシア国民の九割近くはイスラム教徒だが、バリ島は特殊でヒンドゥー教徒が九割を占めていることが挙げられる。イスラム教では礼拝の対象に偶像を置くことを厳しく禁止しているという事実に対し、ヒンドゥー教は多数の神々の偶像を崇拝しているという、特殊なケースであろう。そういう意味では、呪物がバリ島の地元住民の中に隠れている可能性は大いにある。


さて、裏部はデンパサール国際空港に降り立ち、入国審査を終え、バゲージクレームに向かった。

空港の中は特異な匂いが鼻をくすぐった。それは雨上がりの潤いと、特有のガラムの甘い匂いが混ざり合った香りだった。

甘さとともに微かに土の香りも感じられ、それは彼にとって新鮮であり、同時に不思議な魅力を感じさせた。

乗り継ぎ便を利用したため、直行便よりも長く、エコノミークラスのシートに座っていたせいで身体中が凝り固まっている。裏部は首をゴキゴキと鳴らしながら、バゲージクレームで自分の荷物が出てくるのを待っていた。

当初、有馬に帯同するものだと思っていたが、事情が変わったということで、先行した有馬を追う形での後行となってしまった。

当の有馬とは荷物を受け取った後、タクシー乗り場で待ち合わす手筈となっていた。

スーツケースを掴むと、税関を抜け、タクシー乗り場へと向かった。

「ようこそ、バリ島へ」

十日前に電話で聞いた声が、背後からした。

振り返ると、そこには、観光気分全開の有馬氏が笑顔で立っていた。

「なんて恰好してるんですか」

裏部に開口一番呆れられたのは、青地に白のフランジパニが印刷されている半袖シャツを着た有馬氏であった。

フランジパニは別名をプルメリア、和名をインドソケイとも呼ばれ、ハワイで歓迎のレイに使われる花として有名である。

下は黒の短パンを履き、いかにも長期休暇で南国に来た典型的な日本人のようだ。

「仕事まで時間があったからのう。ちょっとくらい遊んだところで罰は当たりゃせんじゃろ」

「仕事はそんな先なんですか?」

裏部はさらに呆れ返った。

だったら、もっと後になって呼んでくれてもよかったものを、と思わずにはいられない。

「いや、仕事はすぐじゃ。先に来て遊んどったのはわしの休暇みたいなもんじゃな。まずはほれ」

そういって有馬氏は大きなバンを指さした。

「あれに乗ってホテルまで行くぞい」

その車の傍らには、有馬氏と似た服装をした運転手兼ガイドの現地人の男性が立っていた。

先述のとおり、バリ島は観光業が盛んな島で、観光客がよく使うものとしてカーチャーターが有名だ。これは半日か一日、運転手とガイドが付いたミニバンやフルサイズバンを借り切るサービスで、日本人の利用者は日本語を話せるガイドに頼み、島中の観光スポットに行けるというものだ。

安いものだと、運転手はガイドも兼ねていて、ひとりしか付かないということもあるのだそうだ。その料金は六千円から一万円くらいが相場である。すいぶんと割高なサービスではあるが、バリ島旅行の初心者から中級者までは、必ずといっていいほど利用するそうだ。

　バリ島では第二外国語に日本語を選択する者も少なくない。当然、観光業に就き、金払いのいい日本人を相手にする。儲かりやすいということはあるが、最近では中国語や韓国語を選択する若者も増えているということだ。

　さて、そんなチャーター車に乗り、ふたりはヌサドゥア地区を目指していた。

「ヌサドゥア？　なんですか？　それは」

　裏部が素っ頓狂な声で聞き返した。

「バリ島はいくつかのエリアに分かれていての。その中で一番安全といわれている空港近くのビーチリゾートエリアのことじゃ。他のエリアでは、ひとりで行動するには危険な繁華街が近くにあったり、昼でも強盗が出るところもある。そんなトラブルに気を払うことを避けたいので安全なヌサドゥアというわけじゃ」

　有馬氏は観光案内を広げ、懇切丁寧に裏部にバリ島の心得を説明している。

「オキャクサン、ソロソロ、ツキマス」

　運転手兼ガイドの男が到着を告げる。有馬氏が窓の外を見つめながらいった。

「見てみろ。これがヌサドゥアじゃ」

　裏部が窓の外を見やった。

　緑豊かな庭園、輝く人口池、そして洗練された建築物。さらにその奥には波しぶきが立ち、サーフィンを楽しむ者たちがいる。それぞれのホテルが自慢げにその存在を示し、豪華さを誇示していた。

　裏部は驚嘆の声を上げ、車窓に顔を貼り付け、初めて水族館に来た子どものように窓の外を観察していた。

「じゃが、ここはただの拠点じゃ。我々が赴かなければならんのは、もっと奥地なんじゃ」

有馬氏のその言葉に、裏部は窓の外をもう一度眺めてから静かに頷いた。

「そうなんですか？　でも、ちょっとくらい寛いでも罰は当たりませんよね？」

「まぁ、少しは……な」

有馬氏はにやりと笑った。


滞在するホテルの大きな扉を押し開けた瞬間、裏部は特有の感覚に包まれた。そこは静けさと落ち着き、そして贅沢な香りが一体となった独特な空気感に満ちていた。フロントロビーは高い天井と光があふれる大きな窓が特徴で、白と淡いベージュを基調とした内装が落ち着いた雰囲気を演出していた。

裏部は周りを見渡した。床は滑らかに磨かれた大理石で、足元からは涼しげな感触が伝わってきた。壁一面に地元の芸術家が手掛けたと思われる繊細なバリニーズアートが飾られていて、その色彩と形状が空間に深みを加えていた。

どこからかフランジパニの香りが漂ってきて、高級ながらも落ち着くことができた。

フロントデスクは先端技術を用いたLED照明で照らされ、静かな光がスタッフの微笑む顔を優しく照らし出していた。その後ろにはバリ島の緑豊かな自然を感じさせる壁面緑化が施されていた。それはまるで、ホテルの中に小さな森が存在するかのようだった。

「いまさらなんですけど、飲食だけ自分持ちですよね？」

ホテルの佇まいに圧倒された裏部は、急に費用のことが心配になり、半笑いで確認をした。

「そうじゃ。安心せい。ここも、こう見えて日本円で一泊一万もいかん」

「だったらいいんです。ははは……」

チェックインを済ませ、ベルボーイを断ると、有馬氏はフロント係からカードキーを受け取った。

有馬氏がカードキーを差し込み、扉を開けると、温かみのある光が室内からあふれ出してきた。裏部が泊まるのは、美しく装飾された贅沢なスイートルームだった。

部屋に足を踏み入れると、その広大さに少し驚いた。空間は広々としており、心地よい風が窓から流れ込んでいた。部屋の中心には、大きなベッドが二台、鎮座していた。

それぞれ大きく厚みのある枕が綺麗に整えられ、高級感あふれるベッドカバーが掛けられていた。横にはソファが置かれ、ゆったりとした時間を過ごせるようにとの配慮が感じられた。

壁面にはバリの美術品が飾られ、部屋全体に地元の風情を感じさせていた。ベッドの対面には大型のテレビとその下にはミニバーが設置されていた。

窓からはホテルの庭園が一望でき、そしてその奥に広がる海まで見渡せ、その美しさに裏部は息を呑んだ。

「さて、これから準備をして、さっきのバンに戻る」

有馬氏は部屋の冷蔵庫から冷えた缶ビールを開け、一気に半分ほど飲み干すと、裏部に今後のことについて語り始めた。

「もう行くんですか？」

「当然じゃ。ホテルで寛ぐのは、あとからでもできる。まずは困っている人の救済が先じゃな」

そういって、さらに残りの半分を飲み干す。

「そんなに飲んで仕事になるんですか？」

「大丈夫じゃろ。そんなに度数は高くない。それにすぐ汗となって出てしまうからな」

バリ島はこのとき、雨季であった。

湿度が高く、緑豊かな島は降雨量の増加とともに潤いを取り戻していく。雨季の嵐は時折、突如として襲い掛かることがある。激しい雨粒が空から降り注ぎ、スコールがやって来る。しかし、暗い雲の合間からは光も差し込み、一瞬の晴れ間が広がることもある。とにかく、目まぐるしい天候で、日本に住む限りはお目にかかれないだろう。

気温は乾季とほぼ同じく摂氏二八度から三〇度程度と高く、湿度の上昇によって大気は蒸し暑さを帯びていく。息苦しさと湿った空気が肌にまとわりつくような感覚に抵抗感のある者は、二度とバリ島の地を踏みたくないという。

だが、それもまたバリ島の魅力のひとつだ。雨季にだけ、バリ島を訪れる者もいるそうだ。

この湿った空気は、島の風景を豊かにし、生命力に満ちた植物たちを輝かせる。人々は傘をさし、雨具を身に纏いながらも、雨季のバリ島を楽しむために島内を探索する。神聖な寺院に足を踏み入れ、古代の伝統と信仰の世界に身を委ねる。また、緑豊かなジャングルを散策し、滝や清らかな川の流れを目に焼き付けるのだ。

「まぁ、わかりました。で、今回はどうやるんですか？　やっぱり怒鳴り付けたりしますか？」

裏部は同様に冷蔵庫を開け、缶ビールに手を伸ばしつつ、呆れた表情で有馬氏に尋ねた。

「そんな馬鹿なことはせん。あれはあのとき、必要じゃと思うたからこそやったまでのこと。それに今回、道具は持ってこれんかった」

「は？」

「いやな、税関検査で引っかかる可能性があるので遠慮したんじゃ。骨董品とか美術品とか言い訳すれば持ち込めんこともないが面倒でな。帰りにも日本の税関で没収になる危険性もある」

「な、なるほど。わかりました。それじゃあ、どうするんですか？」

頭を掻き、額に手をやりながら裏部は質問をしていく。

「まあ、祝詞じゃろうな。それに現場には、ご当地のまじない師がおる。そやつと協力して念じるくらいが限界じゃろう」

「それじゃあ、いったいなんで有馬さんに依頼がきたんですか？」

「そうじゃなぁ……そういえば、まだ依頼の詳細は話しとらんかったの。まずはどういう経緯でこうなっとるか、伝えておこうかの」

「え？ 救済が先とかだったら移動中にでも話してくれればよくないですか？」

裏部が驚いた。

「話の腰を折るな。市内を抜けると途中途中で荒い道を走ることになって、うるさくてかなわんのじゃよ。それに、ここでならビールを飲みながら話せる」

有馬氏は冷蔵庫から新たに缶ビールを取り出し、ベッドに腰掛けると半年前の事件を話し始めた。

＊　＊

無医村。

読んで字のごとく、医者のいない村のことだ。

観光客が集まるヌサドゥア地区から車で一時間、芸術の村ウブドを抜け、さらに一時間ほど進んだ内陸の高原地帯に、名もない村々が点在する。

なかには無医村があり、村民たちが体調不良を起こした場合、村に住むまじない師に治してくれとお願いをするのだ。

まじない師は薬草であったり、生活習慣の改善や食事療法を伝え、村民を病魔から守ってきた。

その村にはひとり、まじないをする老婆がいた。

その老婆は村の中心部に家を構え、日々のまじないで村民たちから慕われていた。

老婆の家は一見すると他と変わらぬ地元の住居だった。バリ島の伝統的な家屋構造を踏襲した草屋根に覆われた一階建てで骨組みは頑丈な木材、壁は土と草を混ぜたもので固められていた。

外観は地味だが、内部に入ると他の住居とは異なる世界が広がっていた。

住処の中央には土間が広がっている。土間の中心には、焚火をたける場所が設けられており、そこには絶えず炎が揺らめいていた。

天井は高く、通気性に優れているため、焚火の炎で蒸れることはなかった。

焚火の周囲には乾燥させた草木の葉や根、枝や花が置かれている。

それらはすべて老婆が村や深い森から集めてきたもので、それぞれが特定の効能を持つと信じられていた。彼女の治療の一部を担う道具であり、この空間が神秘的な雰囲気を醸し出している要因にもなっている。

老婆の住処は村人たちにとって神聖な場所であり、老婆の知識と経験に敬意を表して、ここでは誰もが静かに振る舞うのだった。

「ばあさん！　助けてくれ！　これをどうにかしてくれ！」

住処の扉が乱暴に開かれた。村の男が息も絶え絶え、一体の人形を抱えて走り込んできた。勢いで男は土間に転がり込み、焚火のそばで蹲った。

「なんだい、いったい何の騒ぎだい？」

人形を手にした男はひどく怯えているようで、すぐには要領を得る答えは返ってこなかった。

その人形は、一見するとただの高級そうなフランス人形に見えた。

肌は磨かれたビスク磁器のように滑らかで白く、ほんのりとピンク色に染まっている。長いまつ毛が美しく、その下には碧いガラスのような目が優雅に瞬き、どこか遠い世界を覗き見ているかのようだった。人形の顔には微かな笑みが浮かんでおり、その繊細さは心を捉え、確実に見る者を魅了するだろう。

頭にはブロンドの絹のような髪が豪華に飾られており、その長いロックは背中まで流れ下りている。衣装はフリルが多い古典的なドレスで、精緻に織られたレースがゴージャスな仕上がりを見せていた。

小さな手には、鮮やかな色のミニチュアのバラが握られており、細部まで手の込んだ仕上がりは、その価値をさらに引き立てていた。

しかし、その美しさの中には、どこか不気味さも漂っていた。

人形の目は生命感を欠き、どこか虚空を見つめているようにも思えた。その微笑みも、見る角度によっては冷たさを感じさせた。

美しさとともに、何となく不穏な空気が人形全体から醸し出されており、その存在自体がどこか異質な感じであった。

「これは……」

男の手から人形を受け取る前に、老婆は言葉を失っていた。彼女が直感したのは、この人形がただならぬものであるということだった。

長い人生の中で、村民の病気を診ること以外にも、禍々しいものを扱った経験はある。それらはちょっとした呪いが込められているものであったり、誰かの情念が染み込んでいるものであったりと、難しい解呪をする必要のないものがほとんどであった。

だが、今回は違う。

「これ、どうした？　何があった？　とにかく話すまで帰さんぞ！」

老婆が、その脆弱な見た目からは想像もつかないような力強さで男を睨みつけると、男はひとつひとつ、ゆっくりと経緯を語り始めた。

半年前のこと。

一本の閑静な道。端境の町から少し外れ、古風なカフェがぽつんと存在感を放っていた。それは周囲の建物がすべて崩れた廃墟だったからかもしれない。瓦屋根は赤茶け、壁はブルーに褪せ、木製の窓からは、落ち着いた店内が垣間見えた。

カフェの前に立つ一組の外国人の家族。

頬に深い皺を刻んだ父親は、自身の眼鏡越しにこの見慣れない風景を眺めていた。笑顔を浮かべつつも、その目はわずかな困惑を隠していなかった。

何度も腕時計で時間を確認し、レンタル携帯電話の画面を見て首を横に振った。

その仕草から、誰かと――おそらくは現地のガイドと――待ち合わせでもしていて、遅刻されていると思われる。

隣に立つ母親の視線は、周囲をうろうろと彷徨っていた。

そして、十歳くらいの兄と六歳くらいの妹。兄はつまらなさそうにしていたかと思うと、急にカフェのウエスタンドアをしきりに開け閉めし、時間をつぶし始めた。

一方、妹は兄のシャツを片手でしっかりと掴んでおり、もう一方の手には、両親から誕生日にプレゼントされたフランス人形を大切そうに抱えていた。彼女は、その人形を自分の小さな胸に押し付けて安心した表情を浮かべていた。

「おい、あれ上玉じゃないか?」

汚れた姿の男は、隣に座る男に向かって、数軒先のカフェの前にいる四人家族を指さし、下品な笑みを口元に浮かべた。

「おう。二か月は遊べるな」

話しかけられた男も、その家族を一瞥し、粗野な微笑を顔に宿した。

どちらの男も、白いシャツと黒い短パンといったバリにはよくいる格好をしているが、シャツは元々白かったことだけがわかるような薄汚れた出で立ちだった。

「ちょっと待て。もうひとり呼んでくる」

「よせよ、分け前が減るだろう」

「でも、あの荷物、ふたりじゃきつい」

「チッ、わかったよ」

ふたりはボソボソと顔を近づけて相談をしている。これから強盗をしようというのだ。


果たして、家族は強盗に襲われて身ぐるみを剥がされてしまった。

不運はさらに続き、妹が大切にしていたフランス人形が強盗のひとりの目に留まった。

無理矢理奪おうとした結果、妹は強く引き倒され、地面に頭を強打。頭が裂け、道に血が流れる。その血は彼女の持っていたフランス人形まで流れて人形の衣服を赤く染めた。その衝撃により彼女は息を引き取った。

この犯人たちは老婆が住む無医村の住人だった。強盗のひとりは最初、フランス人形を高く売るつもりで綺麗に洗い、血を落とした。だが、それを持って家に戻ったところ、自分の子どもが人形に夢中になったのを見て、結局は折れてそのまま与えることになった。

人形を受け取った子どもが数日後に突然亡くなった。その原因は、誰も説明できなかった。

しかし、そこから始まる一連の出来事はさらに不思議で恐ろしかった。

「あいつさ、子どもを亡くしてからずっとあの調子だよ。あれだけ落ち込まれると、見てるこっちまで具合が悪くなりそうだ」

村の男が話題を振った。村の隅で噂話を楽しむ一団が、ビールを片手に、生気の無い顔つきでふらふらと歩く男の姿を見つめていた。

それはそれとして、その後、その人形はなぜか亡くなった子どもの隣の家に引き取られた。

それから二、三日して、その隣の家の子どもが亡くなった。原因は不明だった。

そのような不可解な死が、人形が移動するたびに五回も連続して起きた。

噂好きな村人たちは口々に勝手な憶測を並べた。

「引き取った？　盗んだんじゃないのか？」

「盗みやすぐばれる。ばれて殺されたんじゃないのか？」

「それこそすぐ犯人が特定されるぞ。本当に何かの呪いなんじゃないか？」

「そりゃあ、誰だってそう思うさ、気味悪い」

「村中、怖がってるよ」

その頃には、嫌悪感から恐怖へと村人の感情が移り変わり、憶測が信じられた。人形は最初に持っていた強盗の男に押し付けられ、彼は村民たちから遠ざけられていた。

その男は最後の手段として、この村に住んでいるまじない師に助けを求めたということだった。

男は、自分がやったことだがもうどうにもならない、助けてくれと、まじない師に懇願した。

泣き腫らした瞼の奥はひどく疲れた鈍い光りしか感じられず、憔悴しきっているのは誰の目からも明らかだった。

だが、犯した罪の重さよりも、村民たちからの目を気にしているらしく、この先も自分がこの村にいられるように計らってほしいという気持ちが透けて見えていた。

「……そうかい」

まじない師の老婆は細かく何度も頷くと、深いため息を吐いた。

「どうにかしてやらんこともないが、お前さんは自首せい。それが報酬だ」

「そんな！」

男は老婆の家に入ってきたときよりも狼狽した。警察に行けば確実に十年は入れられてしまう。子どもはひとり亡くなったが、兄弟姉妹はいて、彼らに会えなくなるのも嫌だった。

しかし、男は昔から厄介になっているこの老婆のことはよく知っていて、いわれたとおり自首しない限り、村の者から避けられ、後ろ指をさされ続けることはわかりきっていた。

「わかったよ。その代わり、しっかりどうにかしてくれよ」

がっくりと肩を落とした男は、それだけいうと、まじない師の住処から出ていった。

「さて……と。これは本当に面倒なものを持ち込まれたもんだね……」

老婆の額から一筋の汗が伝って、床に落ちた。

「これは絶対に関わってはいけないものだよ」

老婆は誰に伝えるでもなく、瞳を細めながらひとりごちた。部屋の中に留まるたったひとつの光源、焚火が彼女の陰影を荒々しく描き出していた。

「何か強い恨みを纏っているようには見えるが……さて、どうしたものか」

老婆は男が立ち去るときに部屋の入り口に置いた人形に手を伸ばした。

バチンッ！

突如として腕を走る強い衝撃。

手が人形に触れそうになった瞬間だった。

何か見えないバリアのようなものに弾かれて、老婆は身体を軸に半回転し、床に倒れた。

「う……うぅ………」

その痛さに手を押さえ蹲っていると、突如として、老婆の耳元で少女の声が響いた。

「なんで遊んでくれないの？」

冷たく、無機質な声。それは恨み深い少女の声だった。再びその声が老婆の意識の中に響く。

「なんで遊んでくれないの？」

「なんで遊んでくれないの？」

「なんで遊んでくれないの？」

繰り返し囁かれる言葉は、少しずつ怒りの念を帯びていく。声は怨念に満ち、壁からこだまするように響き渡った。

これは本当に危険過ぎる。もう駄目だと思い、力を振り絞り、人形をむんずと掴んだ。たとえようもない痛みが腕を伝い、肩まで這い上がってくる。

痛みに堪え、焚いてあった焚火に人形を投げ入れた。野太い男のような声で悲鳴が上がり、土間の壁を震わせた。

そして、焚火がより一層大きく燃え上がったかと思うと、元の炎の大きさに戻った。

あとは、老婆の息を切らせた呼吸音と、焚火がパチパチと燃える音のみ。

老婆は焚火を覗き込んでみたが、人形らしきものは見当たらなかった。

探しても、その人形は見つからなかった。


しかし、これで終わらなかった。

その翌週の出来事だ。

村の男衆はクタやジンバランに出稼ぎに出ていた。クタというのは、デンパサール国際空港の北方に位置し、バリ島でもっとも有名な地区のこと。サーフィンのメッカとも称され、クタビーチにはハーフウエイやエアポートリーフなど、初心者から上級者まで楽しめるポイントが点在しており、多くの国から訪れるサーファーたちでにぎわっている。また、クタビーチは美しい夕日が見えるスポットとしても知られ、多くの人々がサンセットタイムに訪れる。

エリア内には大型の高級リゾート、ヴィラ、ホテルが点在し、新規のホテルの建設やオープンも相次いでおり、エリア内の開発は活発である。それに伴いショッピングセンターのオープンも目立ち、求人が多いとされている。

村でできる仕事などは限られており、その収入だけでは生活には足りない。そこで比較的若い十代から三十代くらいの男たちは都市へ足を伸ばし、建設現場や道路の工事、修繕、改装に従事し、または港湾での荷物や貨物の積み下ろしや運搬といった肉体労働で金を稼いでいた。

不思議なことに、出稼ぎに出た老婆の村の男衆たちの誰かの荷物の中から、黒焦げのフランス人形が必ず見つかるようになった。

ただ見つかるだけならまだしも、捨てても焼いても絶えず誰かしらの荷物に戻ってくるのだ。

何度燃やし、灰にしたとしても、まるで呪いのように再び黒く焦げた形へと戻って、何も無かったかのように再び姿を現した。

そしてその人形は間違いなく、老婆が火に投げ込んだフランス人形であった。

もちろん、人形がまた戻ってきたという話は老婆の耳に入り、老婆自ら赴いて手を尽くした。

まじない師として知られる彼女が、これまでにない苦闘を繰り広げた。

どんな魔術を試し、どんな祈りを捧げても、人形は消えることはなく、戻ってくる……。悪い噂は老婆の村のみならず、周辺の村まで届くようになっていた。

老婆は絶望し、彼女自身がどうすることもできないと判断した。そこで、古い友人である、祓い屋の有馬氏を呼ぶことを決意した。

＊　＊

「と、まぁ、こんな感じじゃ。そんな相談をメールでもらっての」

有馬氏は手にしたビール缶を飲み干すと、無造作にゴミ箱へと放り投げた。

「かなり本格的ですね。っていうか、有馬さん、メールなんて使えたんですね」

裏部は有馬氏を見てニヤニヤと笑った。

「馬鹿にするでないわ。技術についていけんと、おまんまを食いっぱぐれるからの」

有馬氏は少しだけ怒りを感じているようだった。いいながら、ベッドから立ち上がる。

「それで、そのフランス人形。明らかに呪物ですね。でも、子どもを五人も殺してきたのに、その後は出稼ぎ帰りの荷物に紛れるだけっていうのが不可解ですね」

裏部は不思議そうに天井を見上げた。

「じゃな。まぁ、今は村の連中にストレスを与えて楽しんでいるだけじゃろうな。もうしばらくしたら、新たな犠牲者が出るやもしれん。事は急を要するな。ただ、あのばあさんが祓えんかったなら、わしでも無理だと思うんじゃ」

再びベッドに座り直すと、有馬氏は鬚を撫でながら考える素振りを見せた。

「え？　それじゃあ、どうするんですか？　対抗策があるから引き受けたとかじゃないんですか？」

裏部は呆れて有馬氏に問うた。

「いや、頼まれたから来ただけじゃ。旅費は向こう持ちじゃし」

有馬氏は肩をすくめた。

「マジかよ、この人……」

裏部はつぶやき、手を顔に当てて天を仰いだ。

有馬氏と裏部はホテルを出発した。

砂浜が広がる美しい海岸線と豪華なリゾートホテルが立ち並び、観光客でにぎわうヌサドゥアはまさに休暇の象徴である。クリスタルクリアな海は美しく、鮮やかな緑のヤシの木がそよ風に揺れている。

そこからずっと北へと進むと、次に訪れる地はウブドである。

ウブドは「芸術の村」「芸術の町」として知られ、多くのアーティストや職人たちが住んでいる。街の至る所にギャラリーや工房が点在し、地元の手工芸品や美術品が豊富に並べられている。

また、緑豊かな稲田が広がる景観は一見の価値がある。ここでは自然と芸術が一体となり、地元の人々の暮らしの中に息づいている。

さらに北へ進むと、名もない村々が目に入ってくる。これらの村々は観光地化されておらず、バリ島の原風景を色濃く残している。生活道路を行き交う人々、日陰でくつろぐ家族、手仕事に勤しむ人々。風景は素朴で、美しい自然とともに日々を過ごす村人たちの生活が見え隠れする。

石畳の道路、古い木造の家々、風にそよぐ木々。有馬氏と裏部はエアコンが強く効いたバンの車内から外界を眺めていたが、その熱気はガラス窓を通してでも感じ取れた。

舗装道路から逸れると、バンの進行は急に鈍くなり、道はオートバイの轍が残るような細い土道へと変わった。バンの揺れも一段と大きくなり、ふたりは目的地が近いことを悟った。

「ココカラハ、トホ、デス」

車を止めると、運転手兼現地ガイドが振り返り、絶望的なひとことを告げる。ガイドに促され有馬氏と裏部も車を降りた。

一気に湿った空気が襲いかかった。大地から立ち上る熱とともに、フルーツや花々、潤沢な緑の香りが鼻をくすぐった。

未舗装路は歩きにくく、頭上の太陽は容赦なく彼らの力を奪っていく。誰も言葉を発することなく黙々と歩き続けた。

田園風景が広がり、遠くに見える山々とブルーの空が美しいコントラストを描いていた。時折吹く風が汗で濡れたシャツを冷やし、わずかながらの慰めとなった。

ほぼ一時間の歩行の後、視界が開け、細長い家々が点在する名もなき村が視界に入ってきた。太陽がゆっくりと西へ傾く中、ふたりの汗だくの顔には、微かな笑みと達成感が浮かんでいた。

過酷な旅路の終点にあるその場所は、まるで遠い昔からここにあったかのような静寂と時間の流れを持っていた。

「ここまでありがとう。あなたは、もう帰ってよい。次、我々が帰るときは、こちらから連絡するよ」

「ワカリマシタ」

有馬氏は一枚の札を懐から出して、ガイドの男に渡した。

そこは自然がまだ深く息づいている名もなき村。有馬氏と裏部が到着したのは夕方だった。

手入れの行き届いた小道を、肩肘張らずに歩くことができるほどの落ち着きを感じさせる村だ。

古き良き時代の風景が色濃く残り、太陽の光が赤土の地面を温めていた。

村はひっそりとしていたが、有馬氏と裏部が現れるとその静けさは一変した。新たな訪問者を見つけた村人たちの好奇心が湧き上がったのだ。

「素晴らしいですね。こんなところで生活するのもなかなかよさそうですよ」

裏部はその風情に感銘を受けたようだ。

「うむ、のどかじゃのう。だが、お前さんもわかっとるとおり、ここには呪物がおる」

有馬氏は笑いながら、移動に疲れた瞳で村を眺め裏部に応えた。

その会話を交わすふたりの姿に、村人たちは興味津々だった。子どもたちは隠れて家から覗き、大人たちは日陰で静かに見つめていた。

それぞれの存在が村の静けさに小さな波紋を広げる中、有馬氏と裏部は静かに村の中心部へと進んでいった。


まじない師の住処はすぐにわかった。

生意気なことに、有馬氏が受信したメールには住処の画像が添付されていたからだ。


「邪魔するぞ」

有馬氏は住処の入り口に立ち、大きめの声でひとこと断ると、返答を待たずに扉に手をかけ、一気に開けた。

「おぉ、遅かったではないか」

広い土間の中央の焚火の向こう側で、胡坐をかいた老婆が手を振っている。

「裏部くん、彼女がこの村のまじない師の早紀さんじゃ」

「はじめまして、裏部と申します……って日本人なんですか？　てっきり現地の方だとばっかり」

「早紀さんはな、もうずいぶんと昔にこちらに移住しなさったんじゃよ」

「うむ。若い頃は日本で神職を務めていたが、それに飽きてな。今じゃ、すっかりバリ人になったというわけさね」

裏部は彼女を観察した。早紀は存在感のある女性で、長い髪は白髪が混じっているものの、その生命力を感じさせる豊かさに少しだけ驚いた。顔立ちは日本人の繊細さを併せ持つ一方で、ここバリの自然とも見事に調和していた。

服装は明らかに地元の環境に適応していたが、それにもかかわらず、裏部はその中に日本の風味を感じ取った。彼女の着ていたシャツのデザインや、バティック柄のスカートの色使いに、何となく日本の伝統的な色彩感覚が見て取れたからだ。

早紀の首元と手首にはアクセサリーが巻かれていた。一見するとただの装飾品に見えたが、彼女の神職の経験を思えば、神々への敬意を示すものに違いないと裏部は思った。

背筋の真っ直ぐさ、堂々とした姿勢からは、早紀の強い意志や確固たる信念が感じられた。それと同時に、裏部は彼女の温かな笑顔に引き込まれた。その笑顔は、彼女の包容力と、何よりも強く生きてきた力強さを伝えていた。

軽く自己紹介と挨拶を交わし、三人はさっそく例の人形をどうするか話し合いを始めた。

「来て早々悪いが、例のものを……」

有馬氏がゆっくりと土間を見渡しながら、人形はどこかと早紀に問おうとした。

だが、早紀が答えるよりも先に、有馬氏はある一点を見つめて動こうともしなくなった。

土間の隅。

小さな三段の棚が置いてある。

その最上部に一体の焦げたフランス人形。

焚火の炎に照らされて不気味な雰囲気を放っていた。この灯りで見ると、なお一層異様さが際立っていた。

「これが……」

有馬氏がつぶやくと、彼の額から冷や汗が滴り落ちた。

「とにかく、そいつをどうにかしとくれ。夜に徘徊しとるようでね。いろんな家で夜な夜な目撃されて苦情が多くて困ってるんだよ。おそらく、次の犠牲者でも選んでいる最中、ってところさ」

早紀は投げやりな口調でふたりに向かって状況を説明した。

「そうか。では、どうするかのう……」

有馬氏は人形の瞳を見つめながら鬚を撫でた。

そして、早紀に視線を移すと、「まずは、試したことがあればすべて教えてくれんか」と詳しく聞き始めた。

早紀は試みた方法をひとつひとつ語り始めたが、その間も人形の異様な雰囲気は部屋に満ち続けていた。次第にそれが有馬氏の心に影を落とし始めたのか、早紀が話し始めてから数分後、有馬氏の顔色が次第に悪くなっていった。

それと同時に、早紀の語り口も次第に遅くなり、薄っすらと白い顔になっていった。

「ちょっと、大丈夫ですか？」

裏部が問いかけたときには、早紀はすでに意識を保つのが難しい状態になっていた。そして彼女の体はゆっくりと後ろに倒れていった。

有馬氏も顔が真っ青になり、彼もまた倒れてしまった。

周囲は静まり返り、焚火の音だけが響き渡る土間で裏部はひとり、フランス人形と向き合った。

「おい……おいおい！　何これ？　ふたりとも、いったいどうしたっていうの？」

裏部の声は、その場の異様な雰囲気に溶け込んでいった。不意に沈黙した空間は、心地悪い静寂がただただ広がる。

裏部の瞳は広がる不安と混乱で霞んでいる。立っているだけで足元がぐらつき、後ろに一歩、二歩と無意識に下がる。

何が起きているのか、見当もつかない。

だが、何かがおかしい。何かが、間違っている。

しかし、明確にわかっていたことはある。

今の状況を作り出したのは、確実にあの隅に座る人形だということを。

その確信が彼の混乱をさらに増幅させる。

「ど、どうする……？　お祓い？　祝詞？　無理だよ、無理！　でも、どうにかしなきゃ、俺もそのうち絶対にヤバくなるはずだ」

誰に聞かせるわけでもないひとりごと。裏部本人もわかっていたが、自分の正気を保つため、しゃべり続けなければならなかった。

喉が乾き、声は徐々に枯れてくる。それでも必死にしゃべり続ける。

オロオロと何から手をつけてよいのか、打開策はあるのかと右往左往するが、名案は思い浮かばない。

彼はパニックに陥っていた。

しかし、最後の清明さを保つ彼は、何とか脳裏に浮かんだある行動を取ることに決める。

それは逃げることだった。

有馬氏と早紀をひとりずつ引きずってこの土間から外に逃げる。

それが、今の裏部にできる最善の行動だと彼は決めた。

「はあ、はあ、はあ……」

呼吸は乱れ、息苦しい。バリ島の蒸し暑さが無情にも彼を圧迫する。湿気が体を包み込み、息をするだけでも力がいる。

彼を押し潰すような湿った空気。さらにそれ以上に重かったのは、老人をふたり、次々と引きずったという事実だった。

体力を使い果たした裏部は地面に倒れ込む。疲労感が全身を支配し、ゆっくりと息を整える。

全力で逃げ出し、ふたりを外に引きずり出したという行為は彼にとって、これまでの人生で一番の肉体労働になった。ただでさえ暑く、呪物の恐怖が迫る中、彼らを引きずり出すのは精神的にも体力的にも大変な作業だった。

有馬氏と早紀は夢の中を彷徨っているかのようにぴくりとも動かない。体が動かず、息も見えない。

まさか、死んでいるのか？

その不安が頭をよぎり、力の残らない足で地面を転がり、有馬氏に近づく。

彼の心臓の鼓動が感じられた。弱々しいけれどもたしかに鼓動がある。そう確認した瞬間、裏部の心はほっとするが、次の行動に移るための力はまだ湧いてこなかった。


それからが、また一難であった。

裏部が村人たちに助けを求めることは言葉の問題もあり難しい作業だった。

心地よい風が吹く場所にふたりを運んでもらうよう、ただ身振り手振りで示すしかなかった。

同じように、自分自身、水分補給が必要であることを伝えるのも一苦労だった。

自分の喉が渇ききっていること、体力がほとんど残っていないことを伝えるために、口を開閉したり、喉を指さしたりして無言で要求した。


「ああ、ガイドがいてくれれば……」

裏部はそう思わずにはいられなかった。

彼はバリ島の言葉がまったくわからなかった。身振り手振りだけで、村民に意思を伝えるのは、彼にとって人生で二番目に困難なことであったろう。

それにもかかわらず、その作業は成功し、ようやく彼らは涼しい木の下へと運ばれた。

裏部は心底疲れ果て、背中に広がる涼しさに心地よさを感じつつ、少しだけ安堵した。

だが、次の問題がすぐに彼の頭をよぎる。眠ったように倒れている有馬氏と早紀。彼らをどうにかして気絶から助けようと、裏部は再び思案に暮れた。

「そうだ……」

裏部の頭の中には、ひとつの事件の記憶が蘇っていた。体力も精神も限界近くにきていたが、諦めたくはない。

遠くで子どもたちが笑い声を上げているのが聞こ

える中、その記憶を最初から整理していく。

彼の脳裏に浮かんだのは、有馬氏が公衆トイレの除霊をしたあのときのことだった。そのとき、有馬氏は厳かな口調でこういっていた。

『何人もの宮司が来てお祓いで駄目だとすると、もう怒るしかないんじゃよ』

彼は早紀と有馬氏を揺り起こそうとしたが、体は硬く、顔色は蒼白だった。

最後の手段として、村人から渡された水筒から水をかけてみたがそれも無駄だった。

普通なら、医療的な措置を試みるのが正しいだろう。しかし今、ふたりが意識を失っているのは体調の問題ではなく霊的な問題だ。そこで裏部は過去の経験からヒントを得た。

「怒鳴ってみるか」

そう決意した裏部は、力を振り絞り、早紀と有馬氏に近寄った。

目の前に横たわるふたりの身体を見つめ、そして、声を限界まで張り上げ、ふたりに対して思いつく限り罵倒の言葉を投げつけた。

不幸中の幸いだったのは、ここが異国の地、それも田舎の村だったことだ。

彼の怒鳴り声を聞いて驚く者こそいたが、不快になる者は誰ひとりとしていなかった。

裏部は少しだけ息を止めた。結果を待ちつつ、身体の隅々まで震えているのを感じた。

しかし、あれほどのエネルギーを注いだその悪口が奏功したかのように、有馬氏と早紀の目がゆっくりと開いた。

「面目ない……」

有馬氏は力なくつぶやいた。その次に続いたのは感謝の言葉だった。

夜が深まり、一日の疲労感とともに、失態の重さが有馬氏の肩に重くのしかかっていた。

星の明るささえも気づかないほど、思考はすべて今日の出来事に引き寄せられていた。

「してやられたのう……」

有馬氏は深々とため息をつきながら、自分の鬚を掌で撫でつけた。その手の動きには、普段の落ち着いた彼とは違い、明らかな緊張感が漂っていた。

彼らが今いるのは早紀の友人の家の居間。早紀の住処から三〇メートルも離れていない。しかし、その距離は彼らにとって、今は取り返しのつかない大きな間隔のように感じられていた。

「油断した、というか、見入ってしまったのが敗因かねぇ」

早紀は自己批判の言葉を漏らし、有馬氏もまた静かに頷いた。ふたりの肩はともに下がり、失態に対する悔しさと反省がその表情から滲み出ていた。

「で、これからどうします？　アレ、かなりヤバいっていうのは、俺にもわかりましたよ。一秒でも放っておくのはマズいって」

裏部はふたりの姿を交互に見つめながら、焦りを込めて問いかけた。

夕食時。

バリ島の夜、隣の部屋から立ち込めてくる食事の香り。微かにスパイスとハーブ、そして焼き物の誘惑的な香りが、彼らの会議の場に甘美なフレグランスをまき散らしていた。

隣の部屋では、誰かが家族のために心を込めて料理を作っているのだろう。その暖かい匂いが漂い、時折会議の進行を止め、彼らの胃を刺激した。

その香りはあたかも複雑に絡み合ったスパイスが、口の中で踊るように感じさせ、空腹感を一層深めていた。

だが、彼らはそれどころではなかった。

敗北の味は、彼らにとって未知の感情であった。自身の無力さと向き合わされた悔しさ、そして迫りくる危機への恐怖感。それらは口にすることなく、ただ彼らの胸を締めつけていた。

「道具が豊富ならあれこれとやりようはあるんじゃ

がな」

有馬氏の声はやけにかすれていた。長年の経験と確固たる自信を持つ彼が、こうまでに困惑するのは珍しいのだろう。彼の視線は床に落ち、どれだけ落胆しているかを示していた。

「ええ？　道具持ってきてないの？　ちゃんと準備してきてちょうだいって、書いたじゃないかね」

早紀の驚いた声が重い沈黙を切り裂いた。

「税関が問題でのう。無理には持ち込めなんだ」

有馬氏の言葉に、さらなる驚きが広がる。

「呆れた」

彼女は皮肉混じりに呟いた。

「そういってくれるな。この状況だと、大祓詞しかないわな。早紀さん、まだ暗唱できるか？」

有馬氏は、彼らの現状に対して唯一の解決策を示した。

「あたしを誰だと思ってるんだい」

早紀は即答した。

少ないながらも夕食を取った彼らは、早紀の家の前まで来ていた。

ここで大祓詞を繰り返し奏上するのだ。

大祓詞は日本神道の祭祀で使われる祝詞のひとつで、その中でもとくに重要な役割を果たすもの。

文字どおり「大いなる祓いの言葉」と訳される大祓詞は、人々の罪や穢れを神々に訴え、それを清めるための祈りを奏上するものである。

この祈りの力は深遠で、それを述べる者は、自己と神々との間の神聖な絆を再確認し、罪や穢れから解放されるとされている。

つまるところ、試行錯誤する時間はないので、奥の手から試すということだ。

辺り一面は闇。

外灯はひとつもない。村人たちは、日の出とともに活動を始め、日没には寝る準備を始める。

早紀の住居の出入り口に対面し、その深部に潜む呪われたフランス人形に向けて彼らは一息に深呼吸をした。

「さあ、始めようか」

夜の帳がより一層深まり、無数の星が天空で輝く中、有馬氏と早紀はともに並び立ち、大仰に構えると厳かに大祓詞の奏上を開始した。

早紀の声は純粋で清らかで、神秘的なリズムとメロディで言葉が空気を揺らした。それと対照的に、有馬氏の声は重厚で落ち着いており、その奥深い響きが言葉を力強く支えていた。

裏部は静かにふたりを見つめていた。

祓詞の言葉が周囲を包み、その場所全体が厳粛な空気に包まれていくのを感じた。

時間の概念を失い、ひとつの行為がすべてを支配する神聖な瞬間となった。

それは突如として起こった。

祓詞の一節がまだ口から離れていないとき、凄まじい悲鳴が家の中から響き渡った。

それはとても人間の声とは思えぬような、地獄の底から伝わってきたかのような声だった。

裏部の心臓が高鳴り、冷たい汗が背中を流れ落ちた。

「あ……！」

裏部がつまずいたように言葉を失い、見開いた目で住まいの扉に目を向けた。

閉じられていた扉が勢いよく開き、何かが地面を転がりながら飛び出してきた。

それは、そこに留まっていた邪悪な存在、フランス人形だった。無意識に息を吸い込む裏部の視線はその人形に釘付けになった。

「あの人形……！」

緩く揺らぐ夜の闇が残酷な現実を見せつけた。

人形は瞬時に白い炎に包まれた。

無機質なその存在が、悲劇の主役へと変貌を遂げる様は、時の止まるかのような静寂を生み出した。

「白い炎?」

それは誰の言葉だったのか。自然界ではあり得ない色の炎が辺りを照らした。

周囲を覆う空気が一変した。

肉が焼けるような臭いが突如として広がり、それは鼻を突くような刺激となって空間を支配した。

しかしその刹那、恐怖と緊張が空気を震わせる間もなく、その臭いは消えていった。

焼け付くような白熱の中、人形は低い唸り声を響かせながら、苦痛の痕跡を残し、黒い炭へと姿を変えていった。

皮膚が剥がれ、顔が歪み、その形はかつての面影を微塵も留めないものへと変わった。

そして、その最後の瞬間。

耳をつんざく断末魔の叫びは、その場のすべてを凍りつかせた。

突然の静寂。

そして、動きを止めた炭になった人形。

裏部は、息を呑む。

まるで事の成り行きを信じられないかのように、有馬氏と目を合わせた。

静かに頷き合い、裏部は、まだ冷めやらぬ焦げた人形の残骸を拾い上げた。

「へえ……これはすごい………」

裏部がつぶやく。その声は、超常現象を目の当たりにしたからか、わずかに震えていた。

フランス人形を祓えたと確信した三人は、早紀の家で睡眠を取った。

やはり夜明けとともに起床し、身支度を整える。

朝日が地平線から昇りきる中、早紀からの感謝の言葉が有馬氏と裏部の耳に届いた。

「ありがとう」

早紀は遠い地にまで協力にきてくれた有馬氏に、不安になりながらも必死に助けてくれた裏部に対しての感謝を述べていた。

有馬氏と早紀が一緒に大祓詞を奏上したこと、それがこの事態を打開する鍵であったことは明白だった。ひとりの神職である早紀では力不足であった。有馬氏の存在が加わり、その力が二倍になった。そうして、ついに呪いは破られた。

ヒンドゥー教徒が九割を占め、神道の存在などほぼ期待できないバリ島にあって、大祓詞を奏上できる人間がふたりも同時に居ることが奇跡だった。

となると、早紀が有馬氏を呼び寄せる決断は、この問題を解決するための最善策だったのだ。有馬氏の存在がなければ、この結末は達成できなかったであろう。

これらの事実を胸に、有馬氏と裏部は大量の手土産を持たされ、早紀から再三にわたり感謝の言葉を受け取った。

それは、早紀の姿が遠ざかるまで続いた。

エアコンが効いたバンに戻り、この事件が終わったという実感が彼らを包み込んだ。

その後、せっかく来たのだからと、ウブドの散策やテグヌンガンの滝を訪問した。それは一連の出来事を締めくくるような落ち着いた時間となった。

二十時。

バリ島での日々を過ごし、観光の充実感と解決の達成感で満ち足りた有馬氏と裏部は、彼らの一時的な安息地であるホテルから去る準備をしていた。

彼らが宿泊していたのは、通常では宿泊日数が決まった契約でしか泊まれない、豪華な装飾とサービスで名高いラグジュアリーホテル。

しかし、今回彼らは未定の泊数で滞在できていた。その裏には早紀の力があった。彼女が長年バリ島で築いてきた人脈と信用が、彼らのためにこの特例を生み出していたのだ。

彼らは大量の旅行荷物と土産をスーツケースに詰めロビーへと向かった。

ロビーは高い天井と豪華な装飾で飾られ、大きなソファが並んでいる。彼らはソファに座り、空港へのチャーター車を待った。周囲には同じように旅行を終えた観光客たちがあふれていた。彼らもまた、荷物をまとめ、車を待つなど、それぞれが帰り支度に忙しんでいた。

ロビーを満たすのは、人々の会話と、滞在中ずっと聞こえていたガムラン音楽のメロディだった。その音楽は、彼らのバリ島での経験を象徴するかのように、名残惜しさを引き立てていた。

「そういえば……なんですけど」

裏部がちょっとした疑問を口にした。

その目は何かを悩んでいるように見えた。

「なんじゃ?」

有馬氏は手元の缶ビールを一気に飲み干しながら答えた。

「なんで、俺には効かなかったんでしょうね?」

言葉は会話の間に微妙な空気を運んでいた。

「だから、何がじゃ。話が見えん」

眉をひそめた有馬氏が聞き返す。

「あのとき、有馬さんも早紀さんも、フランス人形に睨まれたせいか、土間で気を失いましたよね」

穏やかに言葉を続けた。

「そうじゃ? そのあと、おぬしが助けてくれたんじゃろうが」

静かに返した。

「そこですよ、そこ」

断定的な言葉だった。

「そこ?」

有馬氏は微かに首を傾けた。

「なぜ、ふたりと一緒に土間にいた俺は倒れなかったんでしょうか?」

ようやく明確な疑問が出た。

「あぁ、そんなことか」

有馬氏は深く頷いた。

「そんなことかって……」

「いやな。お前さんは、わしやあのばあさんと違って祓う能力がないと、きやつは感づいておったんじゃろうな」

冷静に説明した。

「ってことは？」

期待と恐怖が混ざったような音色で返した。

「平たくいうと、相手にされてなかったんじゃよ」

シンプルに結論を出した。

「マジかぁ！　くっそぉぉぉ！」

絶叫がフロントにこだまする。

その場にいた全員が裏部に視線を向け、彼はひとり、異国での最後の雰囲気を損ねてしまったことに、ぺこぺこと無言で謝り倒すのであった。

＊　　＊

「その話、マジ？」

氷のような空気が息を白く彩った。

腕時計はすでに午前一時を大幅に過ぎていた。

裏部の奇妙な話に私の耳は捉えられていたが、同時に信じられない出来事が展開しているような不思議な感覚にも囚われていた。

「本当ですって！　ほら、お土産だってあるでしょう？」

裏部は身を乗り出し、持っていた菓子の袋を高く掲げて私を説得しようとした。

「まぁ、百歩譲って、それが本当だとしてもだよ？」

私は彼に指を向け、切り返した。

「お前が活躍したってくだりは、普段のお前をよく知っているだけに、にわかには鵜呑みにできないのだよ」

「そんな、ひどいじゃないですか」

裏部は眉を寄せ、怒り混じりの表情でさらに菓子を口に運んだ。

「まぁ、しかし……お前がそれだけはしゃぐんだ。半分くらいは信じてやるよ」

私はニヤリと皮肉な笑いを浮かべてみせた。

「疑り深いなあ。信じてくだ……あ！」

裏部は突如、声を上げた。

「何？　どうした？　幽霊、出たのか？」

その変わり身の速さに驚き、彼に問いかけた。

「違いますよ。いい忘れてました！　いやぁ、俺としたことが、こんな大事なことを忘れるなんて、どうかしてますね」

裏部は目を輝かせながら笑った。彼の表情からは何が起こったのか読み取ることができない。

突然、裏部は改めて芝居がかった笑みで、手毬をベンチの傍らに置き、持っていた市松人形を両手に、私へ突きつけた。

「おい、やめろよ。そういうの苦手っていったじゃんか」

私は身を引きながら快くない顔をした。

「焼け落ちたフランス人形、どうなったと思います？」

裏部が再び問いかけた。

「そんなこと、わかるわけないじゃん」

私は市松人形を遠ざけようと手を伸ばした。


「あるんですよ！　実はこの市松人形、そのフランス人形の中から出てきたものなんです」

裏部は市松人形を両手でしっかりと私に見せた。

「はあ？」

私は目を丸くして彼を見つめた。

「あのとき、焼けて炭になった人形を興味本位で拾い上げたら、焦げた部分がずるりと垂れ落ちて、こいつが出てきたんです」

裏部は頷きながら、人形を再度ぐるりと見せた。

「それ、マジでいってる？」

フランス人形の中から市松人形だなんて、説明がつかない。怪異には説明のつかないことが多いが、これは取材した怪異の中ではトップクラスにわけがわからない。

そうした話の場合、後から説明できる材料が見つかったり、別の人物の証言で全容が解明されたりするものだがこれに関しては難しいだろう。せいぜい、フランス人形が祓われた直後に人形を触った人間が日本人だから……とか。それでも全然理由になっていないし、こじ付けもいいところだ。

私は驚きつつも、深く納得するわけにはいかない姿勢を見せた。

「マジです。次、有馬さんに会ったら聞いてみてくださいよ」

裏部は人形を手元に戻し、私をじっと見つめた。

「わかったよ。まぁ、なかなかこちらから会うってのが難しい人だから、そんとき覚えていたら、確かめてみるよ」

私は彼に向かって頷き、この話題を締めくくった。

「わかればいいんですよ、わかれば」

裏部は市松人形をゆっくりと元の場所に戻した。

「ネットオークションで買ったのは、この手毬だけ……ってあれ？」

裏部が置いた手毬を拾い上げて私に見せようとしたときだ。

彼の手は空を掴んだ。

「あれ？　どこいった？」

裏部はきょろきょろと手毬を探すが、見つからない。

「おじさん、これ！」

急に子どもの声がした。

下を向いていた裏部が顔を上げると、そこには小学校の低学年くらいだろうか。半袖半ズボンの男の子がひとり。この寒いのに？　見ると、その子の手には裏部が探している手毬が握られていた。

男の子の急な登場に驚きつつも、裏部は笑顔で返した。

「おう、ありがとな」

「うん！」

男の子は裏部に手毬を渡すと、元気に返事した。

「こんな時間にどうしたの？　お母さんとか、お父さんは？」

私が男の子に声をかけると、彼は私の言葉なんかまったく聞いていなかったのか、「じゃあ、バイバイ」

と手を振りながら公園の奥に向かって走り出した。

そして、あっという間に煙のように、すぅっと消えてしまったのだ。

見ると、少年の足跡だけが残っている。

「うわ……」

「で、出、出たっ!」

それからは記憶がない。

どこをどう走ったのか、気がつけばふたりでコンビニの前で座り込んでいた。

公園の駐車場に停めていた車を取りに戻ったのは、コンビニで夜を明かしてからのことだった。

隙間の先は異界

春先。

久賀谷晴輝《くがたにはるてる》、細身で高身長の男性は、その日も通勤電車に乗り、職場を目指していた。

顔立ちは、ホームや電車内で女性客のみならず、女性乗務員からも注目を集めるほど端正で、雑誌のモデルを連想させる。また、持って生まれたものなのか、知的な雰囲気は男性さえも、この人と会話をしてみたいと思わせるほどであった。

自然に流れるようにスタイリングされた黒髪は、爽やかで清潔感が感じられた。

新型コロナウイルスの危険性が議論を呼ぶ中でも、彼の会社は大手のテクノロジー企業であるにもかかわらず、すべての業務をリモート操作での在宅ワークに移行できないでいた。

セキュリティの面で懸念があり、すべての業務をリモートに移行するのは困難だと誰もが理解していた。それでも、彼の周りには解決策を模索する同僚が多く、現在でも上層部で検討が続けられている最中だった。

同僚たちが仕事の有り様に悩む中、彼はふと昔の恋人のことを思い出していた。

数年前のことだ。

水嶋莉乃《みずしまりの》との初対面は、久賀谷晴輝にとって強烈に印象に残るものだった。

莉乃もまた、グラビアアイドルを連想させるプロポーションと、女優ではないか、とすれ違う男性を振り向かせるマスクを持った美女であった。髪は艶やかなロングスタイル、睫毛エクステなど必要としない大きな瞳は吸い込まれそうなほど澄んでいた。

　彼女が所属する会社は、いわゆる人材派遣会社で、彼女を有能なデザイナーとして、久賀谷晴輝が所属する会社へ派遣していた。

　晴輝の目に莉乃は、端正な顔立ちだけでなく、仕事に対するクリエイティブな発想と精密な計画性で、とても魅力的な女性として映っていた。

　また、莉乃も外見だけではない晴輝の敏腕な仕事ぶりに日々、惹かれていった。

　そしてプロジェクトが終わり、新たな商品が世に送り出された後も、晴輝と莉乃の間の信頼関係は深まり、やがて互いを必要とするようになっていった。

　だが、楽しい時間は徐々に壊れていった。

　ふたりが付き合い出して、一年ほど経った頃のことだ。水嶋莉乃は久賀谷晴輝のすべてを知りたがるようになった。彼のスマートフォンを勝手に覗き、職場からの帰り道を尾行したり、友人との交流にさえも口を出し制限をし始めた。

　莉乃は彼がどんな些細なことをする場合にでも、自分のコントロール下に置きたいと思い始めたのだ。それは普通の恋愛関係の範囲を超えていて、晴輝が莉乃の束縛から逃れたいと思うのは当たり前の感情であった。


　久賀谷晴輝が水嶋莉乃との交際を悩むようになっていった頃。

　晴輝の日課は、通勤途中に立ち寄る会社近くにあるカフェでの一杯のコーヒーだった。

　ある日、普段どおりブレンドを注文すると、初めて見る女性バリスタが目に留まった。

　その女性、芳賀美穂《はがみほ》は、ふんわりとしたオレンジ色の髪を短く揺らして、一見小柄だが、無邪気そうに笑う瞳は、何ともいえない愛嬌を感じさせた。

彼女の淹れるコーヒーは、なぜかほかの店員が用意するそれとは違い、彼が非常に好む味であった。

そんな彼女の接客を日々受けているうちに、晴輝の心はいつしか美穂に掴まれていた。


以来、彼は昼にもそのカフェを訪れるようになった。彼女は夜はシフトに入っていないらしく、会うことはできなかったが、次第に美穂の存在は晴輝にとって、大きなものになっていった。

美穂が働くカフェで淹れられる繊細な一杯のコーヒーから始まり、その余韻を引きずりながら近くの公園へと足を運ぶ。

そんな繰り返しをしていれば、いつしか声をかける、かけられる仲になり、会話が長く続き、やがて外で会うようになった。

彼は、美穂と一緒にいるだけで満たされていく感じがしていた。


しかし、そんな幸せは長く続かない。

久賀谷晴輝には、水嶋莉乃という交際相手が先にいるのだ。


それは、冷たい雨の降る日のこと。

晴輝の部屋に抜き打ちチェックで莉乃が現れた。

そこに、美穂からもらったブレスレット。

晴輝は弁解するか、反発するか決めかねていた。

しかし、莉乃の目はすでに血走っていて、晴輝は沈黙するしかなかった。

沈黙は肯定と、莉乃に受け止められた。

そして、彼女の罵声が部屋中に響き、晴輝を今まで以上に委縮させたのだ。

そこから後は、よくある修羅場の風景であった。

どうにか取り繕おうとする男。

泣き続け、時折相手を罵倒する女。

以降の記憶は、お互い鮮明には残っていなかった。

晴輝の部屋を飛び出した莉乃は、濡れた駅の階段を駆け上がった。

ホームに出ると、ちょうどそこに特急列車。

莉乃は瞳を固く閉じ、線路へ身を投げた。


晴輝は黒いスーツに身を包み、莉乃の葬儀に足を運んだ。

会場の教会は悲しみに包まれていた。

入って正面の中央には祭壇の上に遺影が設えられ、そこには綺麗に整えられた棺が安置されている。棺の周囲には季節の花の香りが漂う。出席者たちはひとりずつ、手に花を持って棺の前に進む。頭を下げて黙祷を捧げていく。それぞれの想いが天に届くようにと祈る。

祭壇には、遺族が遺品や遺体とともに供えた花束や飾りが散りばめられている。それらは故人の好きだったもの、あるいは人生を象徴するものかもしれなかった。


晴輝は祭壇に手を合わせる人々の間に混じり、後ろ手に立ち続けた。莉乃と付き合っていることは誰にも話していないし、ここにいる誰も知らないはずだ。彼は誰とも会話をせず、いち仕事仲間として参列したのだ。

周囲の悲しみに満ちた声と、司祭の読み上げる言葉が響く会場で、心の中で彼女に向けて祈った。


教会の祭壇に立つ晴輝の視線が、純白のウェディングドレスに身を包んだ美穂と交差する。

晴輝の口元には微笑みが浮かぶ。

美穂が微笑み返し、ふたりは神父の前で互いに手を取り合った。

神父の声に合わせてふたりは誓いを交わした。

周囲からの祝福の声と拍手が上がった。

莉乃の自殺から三か月が過ぎていた。

晴輝にとって、もちろん悲しみに暮れる毎日ではあったが、解放されたという気分のほうが大きかった。そんな日々にあって彼は唐突に莉乃のことを忘れた。それは芳賀美穂から、自分の子を妊娠したという告白があったからだ。

晴輝は純粋には喜べなかった。

元彼女が死んだという事実。

時期からいえば、浮気相手が妊娠したという事実。

自分の不誠実を背負っていく決意をしたというと恰好はつくが、その実、流されているだけのように思えた。

とりあえず、次の一歩でも踏み出しておけば気も紛れるだろう。要は莉乃の自殺という大きな罪悪感から逃げたかったのである。

それは美穂との結婚という形で現れた。新たな家庭を築くために、晴輝は淀んだ目で未来を目指した。

ふたりは、どこに住むと都合がいいか、どんな物件なら過ごしやすいか、そして何に妥協できるか、そんなことを相談して新居を決めた。

新居は東京都内、中野区の落ち着いた住宅街に位置するマンションの最上階だった。築十年程度の比較的新しい物件で、南向きの３ＬＤＫという間取り。日当たりがよく、自然光が部屋全体にあふれていた。

広々としたリビングは、ソフトな色調のフローリングが全体の雰囲気を温かみのあるものに仕上げている。対面式のキッチンは、美穂が得意とする料理を作りながら家族との会話を楽しむことができるだろう。シンプルながらも落ち着いたデザインの寝室は、晴輝と美穂のリラクゼーションスペースとなっていた。予定されている赤ちゃんのための部屋もあり、これから家族が増える準備も整えられている。

大きなベランダからは遠くに都心のビル群を眺めることができ、一方で周囲の静かな住宅街の風情も感じることができる。

新しい生活のスタートを切るにふさわしい、家族全員が心地よく過ごすことができる理想的な物件であった。

そして待望の赤ちゃんが生まれ、詩織と名付けられた。

どうして、そんな過去のことを思い出したのか自分でも不思議だった。可能であれば消し去りたい事実。彼は誰にも気づかれないような小さいかぶりを振ると窓の外を眺めた。気がつけば、久賀谷晴輝の乗る電車は会社の最寄り駅ひとつ手前の駅を出発したところだった。


久賀谷晴輝の記憶にある引っ越しから、ちょうど一年が経った休日のある日。

美穂は学生時代の友達とお茶をしに出かけていた。晴輝が気をきかせて育児で大変な美穂を気晴らしに外に出したのだ。

そろそろ帰るはずの美穂を待ちながら、晴輝が夕食の準備に追われていると、詩織の泣き声がキッチンに響く。晴輝は包丁を置き、詩織に向かって声をかける。

「詩織、どうしたー?」

カウンター越しに見ると、そこには予想外の光景が広がっていた。

なんと、死んだはずの莉乃が詩織を抱いている。

驚いて一歩後退った。

冷や汗を流しながら眼をこすり、再び視線を戻すと、詩織だけがベビーベッドに寝ていた。

「えっ、何? なんだったんだ、今のは……」

晴輝は混乱した。

見間違いだったのか、仕事の疲れが見せた幻覚か、それとも……。

とにかく、このことは夜の食卓の話題には出さないことにした。あの女の名前を口にするのは、少し嫌悪感が残る。

彼は目頭を押さえると調理に集中した。

翌平日。

晴輝は目覚まし時計のアラームで目を覚ました。

ベッドから起き上がり、窓のカーテンを開けると、明るい朝日が部屋に流れ込んできた。

彼は静かな朝の光景を眺めた。そして新鮮な空気を吸いにベランダへ出ることを思いついた。

寝巻きのままリビングを歩き、ベランダのガラス扉をスライドさせた。ベランダに足を踏み出した途端、彼の視界に女性の姿が入ってきた。

彼女はベランダの端に蹲っていて、晴輝のほうを見ていなかった。

見知っている人の後ろ姿を間違うことはない。

それは明らかに莉乃だった。

「おい……」

それ以上は言葉が出なかった。

しかし、その瞬間、莉乃は顔も見せずに消えてしまった。

晴輝は立ち尽くした。

まるで煙のように消え、もうそこには誰もいなかった。

「え…………」

自分の見たものを理解することができなかった。

その後、晴輝は起きた出来事を頭の片隅に追いやり、一日の始まりに備えた。


そこからさらに一週間くらい経ったある日のことだ。夕食の食卓で、美穂が深刻そうな顔で、不穏なことをいい始めた。

「あのね、昨日、あなたが仕事で出かけている間に、気持ち悪いことがあったの」


美穂が詩織を寝かしつけてリビングに戻ると、部屋全体が異様に冷たかった。

普段ならエアコンもいらないほど暖かいはずが、今は真冬のようだ。

「なんて寒いの……」

彼女は身をすくめ、肩を震わせた。仕方なくエアコンを入れ、上着を一枚、余計に羽織った。

そして、昼食後。

ぐずる詩織を抱きかかえて部屋を歩き回っていた美穂は、窓が開いていることに気がついた。

「あれ、閉めたはずなのに……」

彼女は首を傾げた。

さらに夕方、晴輝がまだ帰ってこない中、テレビが突如として自動で点灯する現象に遭遇した。

「え、壊れた……?」

美穂は何度もリモコンでオフにしたものの、そのたびに自動で点くテレビに彼女は怯えた。

最後、もうどうしようもないので、テレビの電源プラグを抜くことで事態は収まった。

その日、家全体で不可解な現象が起き、美穂は何かに怯えながら一日を過ごすことになった。

「晴輝……早く帰ってきて………」

彼女の願いは届くわけもなく、怖さは夜暗くなるにつれて増していった。

「だからね、ひとりで居るのが怖いの。もちろん、詩織も居ることは居るんだけど……」

美穂の話を聞いた晴輝はしばし考えた。

水嶋莉乃の名前を出して説明できるか?

自殺した元カノの復讐かもしれないなんていえるわけがない。

では、どうする?

咄嗟に思いついたのは、美穂に産後うつ病ではないかと、心療内科受診をすすめることだった。

そして、自分も。

「なぁ、美穂、産後うつ病って知ってるか?」

晴輝は、努めて優しく、美穂に受診を受けるように促した。もちろん、自分も行くから、と理解ある夫を演じることを忘れなかった。

それから、十日ほど経った。

ふたりして心療内科で処方箋をもらい、薬の服用を続けてはいるが、心霊現象と思われる不可解な出来事は一向に終わることはなかった。

もうそれは、心の病という言葉で片付けられるものではなくなっていた。


ある日のことだ。

美穂が詩織を両親に会わせるため実家に帰っているとき。

晴輝が仕事から帰ってきて着替えようと寝室に入ると、部屋のレイアウトがすべて変わっていた。

よくよく、その配置を見ると、それは水嶋莉乃の寝室の風景だった。慌てた晴輝は、すぐに来てくれる便利屋を手配し、美穂が帰ってくる前にレイアウトを元に戻したのだった。

また、美穂にも怪異は降り続いた。

彼女がリビングで娘に授乳をしていると、目の端で何かが動いた気がした。

最初のうちは、それほど気にしてはいなかったが、時間が経つにつれ、だんだんと頻繁になってきた。

いったい何が動いているのかと視線を娘から外し、顔を上げると、壁に人影がくっきりと映っている。

ベランダに誰かいるのかと驚いて振り向くが、そこには誰もいない。

もう一度、壁に向き直る。

そこには、まるで影絵のように壁に貼り付いた女性の影がひとり。

あまりのことに悲鳴も出ず、動けないでいると、不意にその影と目が合ったような気がした。

その直後、影はすっと消えていってしまった。


夕食は重たい空気だった。

ふたりでこれからどうしようかと相談をする。

美穂は体験したことを話すが、晴輝は話し出すと水嶋莉乃の説明をしなければならなくなるため、美穂をこれ以上怖がらせたくないと言い訳をして言葉を濁した。

「まず、できることをやってみるか」

早くなんとかしたいという気持ちはあった。そこですぐに誰でもできるようなことを試してみたのだ。お守りを買ってきたり、盛り塩をしたり。

インターネットを通じて、誰もが書き込める掲示板に相談もした。思うようなよい回答は得られなかったが、いろいろな厄除けの方法やおまじないを教えられて実行もした。それでも、何も状況は変わらなかった。

「お祓いでもしてもらうか」

晴輝には、もうそれくらいしか打つ手がなかった。

そういえば、会社の同僚に神社の関係者がいると耳にしたことがある。

毎年、正月明けに、その同僚の紹介で、社長室に来てもらって、社長以下重役までがそろい、祈祷をしてもらっているのだとか。


「人事か、広報か、総務か……」

人の紹介、というのは融通が利くものだ。いきなり知らない神社に行って出張祈祷を頼んだ場合、金額はどれくらいなのか見当もつかない。そもそも受けてくれるのかもわからない。

しかし、会社の紹介であるとなれば、最悪足元を見られることはないはず。あわよくば、いわゆる「お友達価格」で祈ってもらえる。晴輝はそんな期待をして、関係ありそうな課を訪れていった。


結局は総務部だった。

「たしかにうちの担当ですが」

人事部で、本当にうちだと思うか、と怒られ、広報部では行事の記録をしてはいるが、依頼を出すのは総務部だと教えられた。

ある大企業では社長や重役に関わる行事は人事部が取り仕切ると聞いていたのだがとんだ藪蛇だ。

総務部を訪れ、出てきた担当者に、会社経由でお祓いを呼びたいのだがどうすればよいか問うた。

「できないこともないですが、神社のお名前をお教えするので、直接問い合わせてみてはいかがでしょう?」

至極当然なことをいう奴だと思った。

「たしかにそのとおり。あなたがそういうのももっともなことだけれども、組織経由のほうが無理が通るはずなんだよね。自分としては急ぎの案件なので、どうにか力を貸してくれないか?」

そう懇願すると、担当者は納得したのか、あるいは面倒な奴が来たと思ったのか、相談してきますといい残し、奥へ消えていった。

しばらくすると、今まで対応してくれていた担当者はさらにひとり、奥から連れて戻ってきた。

「久賀谷じゃないか」

それは総務部の課長であった。同期が総務で課長になっていた。すっかり忘れていたことだが、そんなことおくびにも出さずに笑顔で、最近どうよ、といかにも挨拶に来た風を装った。

ある程度、会話が弾んだところで、実はと切り出して、ほかならぬお前だし、と自分の依頼を見事快諾させたのであった。

横でそれを聞いていた先の担当者はいつの間にか自分の仕事に戻っていた。

祈祷料は思いの外、安かった。

やはり総務を通したのがよかったのか、すぐに祈祷してもらう約束を取り付けた。


三日後の日曜日のことだ。

時間になるとインターフォンが鳴り、神職がひとりと、その手伝いが三人。リビングに通し、さっそくお祓いをしてもらった。

もちろん、家のことだけではなく、人間もお願いしますと、リビングでキッチンを背にして家族三人にも大麻を振ってもらった。

気になったのは、その瞬間だった。

「ん……？」

宮司がほんの一瞬、怪訝な顔をした。

大麻を振る手が止まる。

宮司は一度腕を下ろし、大麻をしげしげと観察すると、何度か首を傾げて、また仕事に戻った。

晴輝と美穂も何事だろうと眉を寄せたが、そのあとは無事、お祓いが一通り済み、神職たちは挨拶をして帰っていった。

それを機に心霊現象のようなものは鳴りを潜めた。

──チンッ。

「今、何か鳴ったか？」

朝、ベッドから起きてきてキッチンで水を飲んでいた晴輝は、すぐ横で朝食の準備に冷蔵庫を開けていた美穂に確認した。

「え？　そ、それじゃない？」

晴輝同様、音に反応した美穂は、食卓を指さしていた。見ると、トースターから焼かれた状態のパンが飛び出ている。

今朝は和食の予定で、ふたりともパンをセットした覚えもない。

口にこそ出さなかったが、あのお祓いはその場しのぎで、また変な現象が起き始めたのだと直感した。

この日、晴輝はリビングの一角に置かれたビジネスデスクの前で在宅ワークをすることになっていた。結局、どれだけ技術が進もうが、完全なリモートワークにはならず、不定期に出勤したり在宅で済ませたりする生活が続いていた。

ふたりが昼食を取り、満腹で重くなった瞼をこする。美穂は寝室で娘の世話をしている。

晴輝は、デスク上のノートパソコンに向かい、そろそろ始まるウェブ会議に備え、デジタル資料を読み込んでいた。

そのとき、ポンッという電子音とともに、ノートパソコンの中のメールソフトが自動で立ち上がった。

一瞬、コンピューターウイルスにでも感染したのかと不安になった。

だが、次の瞬間。

無数のメールが画面上にザザザッと表示された。

その差出人の名前は、莉乃であった。

「みんな消去したはずなのに……」

晴輝は両手で自分の顔を洗うように撫でつけると、噴き出した汗を拭った。そのウィンドウをマウスカーソルで順番に閉じていく。

その後、上司や同僚に体調不良を訴え、早退扱いとし、ノートパソコンをシャットダウンしてデスクから遠ざかった。

その日の夜のことだ。

晴輝が寝室でベッドに入り、読書をしていると娘が不意に泣き出した。

美穂は今、入浴中だ。

ならば、と彼は同じく寝室に設置されたベビーベッドに寝かされている娘に近寄り、抱き上げた。絶対に泣き止むわけではないが、男親にとってできることなどたかが知れている。

とにかく今は余計なことは何もしないという選択をして、妻の逆鱗に触れることだけは避けたかった。

「そうだ、ねぇ、詩織の好きな子守唄をかけて！」

晴輝は、ベッドの枕元にある音声アシスタントに向かって、歌を流すようにリクエストした。

以前、妻が何やら娘に向かって歌っていたことは知っていたが、曲名はもちろん口ずさむことなどできるはずもない。

そこで思いついたのが、人工知能を搭載したネット端末による曲の再生だ。

すぐに端末は反応し、曲のイントロが流れ始めた。

「ふう……これでどうにか………」

晴輝は、子守唄に期待した。

「ん？　えっ？　ええ？」

次の瞬間、詩織を落としかけた。

端末のスピーカーを通して流れてきた歌声は、明らかに水嶋莉乃のものであったからだ。

すぐに音声アシスタントを切ろうとした。が、そこに美穂が風呂から上がり、寝室に入ってきた。

「あら？　詩織のお気に入りの曲ね」

にこりと微笑み、髪を拭きながらベッドの上に座る。

妻は莉乃のことを知らない。

だから、この曲を不自然に止めることなど、彼にはできなかった。

両腕の中の娘はいつの間にかご機嫌を直し、キャッキャと喜んでいたが、曲が終わる頃には寝息を立て始めた。

晴輝にとっては、拷問のような時間であった。


翌日。

晴輝は外での勤務を終え家路についていた。中野駅を降り、駅前の広場を横切る。

改装された広場はより広くなり、清潔になった。たくさんの人が行き交う。路上ライブを始めようとして警察に注意される者、進学塾のチラシを配る者、誰かと待ち合わせをしている者。

それを横目に、晴輝は商店街を通り、飲み屋が連なる道に入っていく。彼の通り道には多種多様な飲食店が軒を連ねていて、それぞれの店からは香ばしい匂いが漂ってきた。ラーメン屋、焼き鳥屋、さらには小洒落たカフェまで。

そこを抜けると、辺りは徐々に静かになった。

住宅街へと続く道は、通り過ぎる車も少なく、足元には小さな花壇が点在していた。各家から夕食の香りが漂い、たまに子どもの騒ぐ声が聞こえた。

そうして約十五分ほど歩くと、晴輝のマンションに到着する。

エントランスを抜けようとしたときだ。

彼の行く先を遮る影がひとつ。

「こんなところに住んでいるなんて、いいご身分じゃない」

突然現れたのは二度、いや三度会ったことのある莉乃の姉、水嶋瑛里香であった。エントランスの照明を背に、彼女のシルエットが浮かび上がる。

薄いベージュ色のロングコート、その下には黒のタートルネックニットとダークデニムのジーンズ。足元は黒のアンクルブーツで、全体的に落ち着いた印象だ。

彼女とは莉乃の葬儀を最後に没交渉となってしまった。それなのに、どうしてこの場所を知ったのか。興信所を使ったのか、あるいは何かSNSのようなものを辿ったのか。

しかも、自分がこの時間に帰ってくるなど、それこそ探偵を雇ったとしても確証の得られない情報だろう。もしかすると、朝から見張られていたのか。

「あのあとね、莉乃の遺品を整理したの。そこから貴方と付き合っていたことを知ったわ。いったい、いつ打ち明けるつもりだったのかしら」

瑛里香は、にこやかに笑ってはいるが、目の奥はまったく笑っていなかった。

晴輝は呆然とするしかなかった。頭の中では、いろいろとまことしやかな言い訳が羅列されていたが、言葉にするべきではないことはわかっていた。

「あの子、毎晩、夢に出てくるの。お姉ちゃん、悔しい……って。泣きながらね。貴方の名前を出すときには、もう妹とも思えないような怖い顔しちゃってね」

無機質な目で晴輝に視線を合わせてはいるが、その実、何も見ていないような、焦点が合っていないような印象を受けた。

「もう、こっちだってノイローゼよ。これで死ぬようなことがあったら、姉妹で呪ってやるから」

この女は何をいいたいのだろうか。愚痴や文句なら遠慮願いたいところだが、莉乃の姉であるからぞんざいな扱いはできない。

今、晴輝にとって厄介なのは、水嶋莉乃とのことを妻に、つまびらかにされることだった。

「誰かに相談したいところよね。たとえば…………………………美穂さんに、とか」

ここにきて晴輝は初めて心臓を鷲掴みにされたような気分になった。呼吸が荒くなり、血圧が上がる。顔が紅潮し、目が大きく見開かれるのを自覚した。そして、心を読まれたかとも思った。

「あら？　様子がおかしいわね。救急車でも呼びましょうか？」

瑛里香は彼の顔を窺うような素振りを見せながら、心底心配そうな声を演じて尋ねてきた。

「そ、それでご用件は……？　文句をいいに来たんでしょうか」

これ以上、動揺を相手に悟られてはいけない。そうは思うが、すでに誰の目からも明らかなほど、動揺していた。

今のでわかった。この女は自分の懺悔を期待しているのではないのだ。

惨めに慌てふためき、右往左往する様を見て溜飲を下げたいだけなのだ。

喉が渇く。唇が水分を失い、思うように開かない。声もかすれ、最後のほうは自分でも聞き取れないくらいだった。

「いえね、そういうことじゃないの。伝えたくて来たのよ」

瑛里香は満面の笑みを作ると、すぐに真顔に戻って棒読みのような口調で続けた。

「あの子、事故なんかじゃない。貴方が原因ね？　そうなんでしょう？　きっといつか莉乃は復讐を果たすわ。どういう方法かわからないけど。楽しみにしていてね」

抑揚のない声がより一層怖さをかき立てた。

晴輝は全身が粟立つのを感じ取ると、気圧されたかのように一歩引き下がった。

「それだけ。じゃあね」

彼女はポツリと別れの言葉をいって立ち去ってい

った。

晴輝は早くシャワーを浴びたかった。

本当に厭な顔を見たものだ。冷や汗がこれほど不快だということを三十歳過ぎてから思い知らされるとは思ってもみなかったことだった。

エントランスを抜け、エレベーターに乗り込んだ。

『扉が開きます』

エレベーターの機械音声が彼の住む部屋のフロアへ着いたことを告げた。その女性音声が、水嶋瑛里香の声に似ているような気がして、頭を何度も横に振った。

照明で明るく照らされた廊下を進む。

晴輝は通勤カバンから部屋の鍵を取り出すと、施錠されているドアを開けた。

何かがおかしい。

ローファーを脱ぎ、一歩、玄関マットの上に立つと違和感が残った。

「あぁ……」

自然と理解したため息が漏れた。

匂いがないのだ。

最寄り駅で、今から帰る旨をメッセージすると、駅から自宅までの十五分の間に、美穂が夕食を作って待っていてくれる。

遅くなった日は、キッチンで料理を温め直し、食卓で待っていてくれるのが日常だった。

どうしたというのだろう。

駅で連絡したときには、すぐさま返信があった。わずか十五分の間に具合でも悪くなったのか。

それとも……。

彼の脳裏に最悪なシナリオが浮かんだ。

まさか、瑛里香が妻と子を……。

血の気が引いた。

慌てて、中扉を開ける。

食卓を確認するが、妻の姿はなかった。

では、寝室か。

彼は、取り乱したまま、寝室の扉を勢いよく開けた。そこには薄暗がりの中、座り込んでしまっている妻が居た。

「ど、どうしたんだい？　心配し……」

いいながら、妻のほうを見ると、夫が寝室に入ってきた瞬間から彼女は振り向き、同時に部屋の隅を指していた。

なんだろう、と妻の指す方向に顔ごと向けた。

「えっ！」

彼は短い悲鳴を上げ、慌てて両手で自分の口を塞いだ。

ベビーベッドに寝かされた娘が両手を宙に差し出して、楽しそうに笑っている。

普通なら微笑ましく、それだけで幸せを噛みしめてしまうシーンなはず。

しかし、問題は半透明の女性が娘に覆いかぶさるようにして、そこに居ることだった。

「詩織とあなたを玄関でお迎えしようとして寝室に来たら……」

妻のいいたいことは理解した。

見たことも会ったこともないこの世のものではない女性が、自分の娘に向かって何かしようとしている。これ以上恐ろしいことがあるだろうか。

だが、晴輝の視点は違った。

あれは莉乃なのだ。

それが、我が娘を攫いにきたとしか思えなかった。

一瞬、彼は悩んだ。

莉乃の名前を呼ぶかを。

呼べば、事態は好転しないかもしれないが、少なくとも詩織から離れ、こちらに振り向いてくれるような気がした。

声が届くのなら、話し合いくらいできないか。

しかし、それでは後になって妻に問いただされてしまう。

彼は視線を少し横に向けると、震える手で寝室の照明を点けた。

と、部屋が一気に明るくなった。

同時に、莉乃の幽霊は嘘のように消えた。

今度は、大声で泣く我が子に手を焼くことになったのだった。


「あれはなん……」

「もう一度、お祓いを頼もう」

娘を寝かしつけたふたりは、食卓についていた。

不気味なことはあったがそれでも腹は減る。晴輝は夕食を温めてもらって食べ進める。重苦しい雰囲気ではあったが、対面の美穂が口を開いた。

あれは何だったの。

そう問われると思った晴輝は、強引に言葉を遮り話題を変えた。

答えられるわけがない。

莉乃の姉から、妹は復讐しようとしているとあざ笑われた。

そして、今の一件だ。

妻に、莉乃とのことがばれず、心霊現象が起きないようにする。

このふたつを同時に満たすような行動は、お祓いとしか彼には思えなかったのだ。

「会社を通せば安いしさ。スケジュールが詰まっていても割り込めると思うんだ。だから、早めにもう一度手を打って、仕事や育児に集中したいし」

彼は後ろめたさを隠すためか早口になっていた。

「そう……。よい案が浮かばないし、あなたに任せようかしら。でも、ここが落ち着くまで、実家に避難しててもいい？」

これには面食らった。

実家に帰ります。

離婚直前のセリフとも受け取れる。

万が一、同僚に知られれば、有りもしない噂を立てられる。他人というのは、暇な時間つぶしに他人の悪口を材料に平気で盛り上がれる人種だと理解しているからこそ、勝手に離婚間近だと陰口を叩かれることは容易に想像できた。

だが、妻は単にこの心霊現象が止むまで、別のところに居たいといっているだけなのだ。おそらく、この言葉には娘も含まれていることだろう。

晴輝は、当然のことかな、と思った。

「わかったよ。詩織に何かあってからじゃ遅いし。まだ実家への終電には時間もあるし、これから連絡入れて、もう移動しちゃえば？　孫に会えるってご両親も喜ぶんじゃないかな。必要な荷物は明日にでもこっちから送るよ」

そんな夫からの提案に、よほど怖かったのか、妻は二つ返事で実家に帰っていった。

翌日、晴輝は出社すると、自分の部署には向かわずに総務部の窓口に来ていた。

無論、再びお祓いをお願いするため、担当者と話をつけに。

しかし、事は難航した。

お祓いの件について、もう一度お願いしたいと担当者に伝えたところ、彼は確認しますとひとこと残して奥へ消えてしまった。

それから二十分。

同期の課長でも呼ぼうかと思い始めたところ。

「すみません。お待たせしました」

もう二度と戻ってこなかったりしてな、と思っていた担当者が小走りに帰ってきた。

「ずいぶん待たしてくれたじゃないか」

「すみません。本当は上司に許可をもらってから対応するのがルールなんですが、久賀谷さん、一度やってるんで、すぐに先方に電話したんです」

この担当者、意外にも小回りが利くらしい。ぱっと見、どこにでもいる量産型のサラリーマン風ではあるが、できる男なのかもしれない。晴輝が担当者への印象を改めていると、彼は意外なことを報告し始めた。

「それで、もう一回お願いしたいと本人がいっていると伝えたんですが、断られてしまいました」

「はあ？　そりゃまたなんで？」

前回、無礼なことでもしたか。

いや、思い当たる節はない。

では、包む金額が少なかったか。いや、給料天引きにしてもらったはずだ。そこにこちらの意思は介在していない。

「それが、途中まではよかったんですよ。社務所の人と電話で話して、じゃああとはスケジュール調整だね、ってところで、向こうの宮司さんが電話を代わったんです」

日程を決めるまで話が進んだなら、何も問題はないはずだ。

「で、その宮司さんに久賀谷さんの名前出したら、断る、とガチャ切りされちゃいまして。それから何度電話しても理由も教えてくれなくて、こんなにお待たせしてしまったんです」

晴輝は天を仰いだ。


なぜ断られたのか、皆目見当もつかなかった。担当者に礼をいうと、晴輝は自分の部署に向かった。

昼休み、晴輝は社屋の屋上に来ていた。

フェンス際に置かれたベンチに腰かけ、近くの弁当屋で買ってきた食事を済ませると、スマートフォンで『出張』『お祓い』というワードを用いて検索をかけていく。

最初は家族三人で神社に出向いて直接お祓いをしてもらおうとも考えた。

しかし、これまでの現象を振り返ると、自分たちというよりも部屋そのものを祓ってもらうほうがいい気がする。

まず、莉乃の姉である水嶋瑛里香の口ぶりからすると、妻と娘がとり憑かれているとは考えにくい。

しかし、晴輝本人が不在のときでも、心霊現象は起こった。とすると、そもそもの原因である自分と住まいが憑かれたのだと思うほかなかった。

ブラウザの検索結果には、いくつかの神社が表示されていた。それを表示順にクリックして、公式ページを開き、お祓いの依頼をしようとした。

「あ、すみません。そちらのホームページを見て電話したんですが……」

通話が始まると、晴輝はいかにも初めてですといわんばかりの口調で、お祓いを頼もうとした。

何件かは、宮司が多忙であることや、出張をやめてしまったことを理由に断られてしまった。また、予想はしていたが、引き受けてはくれるが、予算が見合わなかったこともあった。

何度も同じ文句で電話をかけ続けて、十二件目で約束を取り付けることができた。意外にも先方の感触はよく、晴輝の仕事が終わってからという希望も通った。

果たして、その日の夜、出張のお祓いは予定されたのである。


マンションから少し離れた場所で待ち合わせると、自分より少し年上の宮司と会うことができた。軽トラックに道具を乗せる必要があるとのことで、駅の改札で待ち合わせができなかったからだ。

助手席に座る宮司の横、運転席には二十代と思しき男性がひとり。訊けば、見習いなのだという。荷物運びと経験を積ませるために連れてきたと教えられた。

それでこの値段なのかと晴輝はひとり、納得した。

ちなみに、神社のお祓いというものに明確な料金設定はない。だいたい五千円から一万円が相場だ。もちろん何を願うかで変わってくる場合もあるし、何人を対象にするかということも要素としてある。他人と一緒に大人数で祈祷を受ける場合は安いし、自分だけ専用に祈ってもらえばそれだけ高くなるということもある。

「お気持ちで」などといわれれば、相場あたりを渡すのが普通で、これはお寺と同じようなものだと考えるとわかりやすいだろう。つまるところ、何も会社を通さずとも、個人で頼んでも似たような値段だったというわけだ。

さて、晴輝は宮司たちをマンションに案内した。車は来客用のスペースに停めてもらい、道具を運び込むのに晴輝も手伝った。

よくよく見ると、宮司は四十歳くらい、白髪が混じり始めたといった感じで中肉中背、どこにでもいるおじさんであった。

対して、見習いだという男性は、大学生くらいの年齢で、訊けば大学で神職を目指す学生さんなのだという。たしかに、そういわれると、私服は繁華街にいそうなもので、神社関係者だといわれても、にわかには信じ難い。

彼らと協力して準備を終えると、ふたりはリビングで袴に着替え、いよいよ祈祷の時間となった。

リビングにあった家具は端に避けられ、代わりに簡易的な祭壇が設けられた。

ふたりが持参した祭壇、三方等の祭具、お札、お供え物、榊が順に並べられて、先日会社を通してやってもらった祈祷の風景そっくりになった。

修祓、祝詞奏上、大祓い詞奏上、清め祓いの儀、串拝礼が執り行われる。

そして最後、宮司が大麻を用いて各部屋を祓おうとしたときだ。

「ん？」

リビングに来たところで、宮司の手が止まった。

「どうしました？」

晴輝は一瞬、既視感を覚えたが、努めて表に出さず、宮司に問いかけた。

「いや……なんでしょう……気にしないでください、続けます」

宮司はリビングからキッチンに向かい、大麻をくるりと一回転させると、いかにも腑に落ちないといった顔でお祓いを続行した。

時折、手を止め、不思議そうにすると、またもや大麻を確認した。

晴輝が心配そうに問いただすが、宮司はやんわりとした物腰で、なんでもないから、と晴輝を制した。

それから、すべての部屋で祓いが終わると、宮司たちは報酬を受け取り、挨拶をいうと帰っていった。

晴輝はひとり部屋に残り、食卓で一日の疲れを癒すため、缶ビールを開けるのだった。


すぐに妻と娘は帰ってくるものだと思っていた。それが当然のように。

しかし、翌日の朝、晴輝が家の電話から妻に連絡すると意外な答えが返ってきた。

「ちょっと様子を見ようよ」

電話の先の美穂は警戒しているようだった。

「え？　どうしてだよ？　お祓いも無事済んだし、昨晩は何も起きてないんだよ？　これ以上、何を気にしろっていうんだよ」

受話器を握る手に力が入った。


「でも……最初のお祓いで何日かしたら効果がなかったってわかったから、昨日のお祓いになったんでしょ？」

妻の声は、さっきよりも怯えが強くなったように思えた。

「あ……」

二の句が継げない。晴輝は喉が詰まったような感覚に陥った。

たしかにそのとおりなのだ。だから、二度目のお祓いをすることになった。そこに反論はない。

「わかったよ。一週間ほどそっちに居ていいよ。俺はこのままこっちで仕事して、美穂たちを待っているからさ」

そういって電話を切った。

晴輝は受話器を置いた姿勢で、しばし眉を寄せ、目を閉じた。

それは、妻と娘が思いどおりに帰ってこなかったことに対する痛恨の仕草だったわけではない。通話を終え、受話器を置こうとする瞬間のことだった。

「許さない」

受話器から聞こえたのは莉乃の声だったからだ。

スマートフォンを取り出しながら、晴輝は通話履歴から昨日来てくれた神社の番号に再び連絡をした。出たのは偶然か必然か、昨晩、お祓いをしてくれた宮司であった。

「もしもし？　すみません、久賀谷と申しますが」

「あ、久賀谷さん？　昨日はどうもありがとうございました」

「あ、いえ、こちらこそ」

「それで、どうされました？」

「実は、もう一度お願いできないかと」

「申し訳ないのですが、お断りをさせていただきたいです」

「えっ？　なぜですか？　昨日は引き受けてくれたのに」

「昨日、見習いがいたでしょう？　彼に問題がありましてね」

どういうことだろうか。たしか、大学生といっていたはずだ。アルバイトのようなものなら、学業に忙しいというなら話はわかる。

「あぁ、人手が足りないってことなら、こちらから出しますよ」

「そうじゃないんです。昨晩、終電に飛び込んで亡くなったんですよ。私もこれから挨拶に行くことになりまして」

「お忙しいということであれば、別の日にでも」

晴輝はかなり失礼なことをいっている自覚はあった。要は葬儀は優先していいが、自分のお祓いも面倒を見てくれといっているのだから。

「いえ、やはりお断りします。申し訳ありませんが。ああ、もし次にお祓いを引き受けてくれる神職が見つかったら、『大麻に気をつけろ』と伝えてあげてください」

宮司は最後に忠告を残して電話を切った。

晴輝はスマートフォンを見つめながら、彼の言葉の意味を理解しようとした。しかし、どれだけ考えても意味がわからなかった。

＊　＊

「と、ここまでが先週の話じゃ」

有馬氏は薄暗い事務所の椅子に座り、久賀谷晴輝のことについて教えてくれた。

私はメモを取りながら彼の話に聞き入っていた。

「で、じゃやな。何度も説明しておるように、神社というのは縦のつながり、横のつながりが他の業界よりも顕著じゃ。久賀谷晴輝についての噂が広まったんじゃやな。結果、依頼を断られまくり、わしのところに行き着いた、というわけじゃ。しかも、余程追い詰められたのか、やっこさん、水嶋莉乃との関係まで暴露して縋ってきおった」

雑居ビルの一角に役所風に机を設置したこの事務所の一番奥で、有馬氏は私に今回引き受けることになったお祓いの経緯を語って聞かせてくれた。

「で、どうするんですか？」

この依頼をどうこなしていくのか問うた。

「それはじゃやな……」

「一度、現地調査に向かいます。電話で話しただけなので、やはり現場を見てみないことにはなんとも言い難く」

有馬氏の発言を遮って話し始めた男は、門田と名乗った。私が事務所に入ると、同時に名刺を渡してきた人物だ。両手を出して名刺を出すその格好はどこか滑稽であった。なぜなら、彼は一九〇センチを超える大男で、威圧感があったからだ。なぜこの事務所に自衛隊の人間がいるのか、あるいはなぜプロレスラーがいるのかと戸惑った。

訊けば、体格が大きいのは生まれつきらしく、そのあと身体を鍛えるのが趣味になり、こんな大男になってしまったのだとか。彼なら軽トラ程度に轢かれても無傷なような気がした。

彼は自衛隊やらレスラーやらに間違われるのは嫌なのだそうだが、そもそも髪型からして五分刈りなのだから、勘違いするなというほうが無理な注文だ。しかも、春先にもかかわらず白のタンクトップと黒のカーゴパンツ。逆に勘違いしてくれといっているようなものだった。

おそらく彼も、弟子だという設定なのだろう。これまでの経緯から、アルバイトの助手だと勝手に決めつけた。

「現地調査？　すぐお祓いしちゃ駄目ですかね？」

私は、当然の疑問を口にした。

「それはじゃやな……」

「いえ、何が居るか、によって祓いの方法も違ってきます。これまでの久賀谷晴輝の話から、怨念が強い霊がいることが想定されます。ここは慎重になるべきかと」

再度、発言を遮られて有馬氏は明らかに不機嫌であったが、門田はおかまいなしに所見を述べた。

「で、いつ出発するんですか？」

「今夜じゃ」

有馬氏は門田よりも早く、短く答えると、満足そうに頷いた。

門田が連絡を取った久賀谷晴輝は、仕事の都合で夜に来てほしいと望んだ。

私は門田が指定した住所を頼りに、十階建てのマンションの前まで来ると、時折腕時計を確認しながらふたりを待つことにした。

しばらくして、自分の近くにタクシーが停まった。支払いを済ませ、降りてきたのは、有馬氏と門田だった。我々は軽く挨拶を交わすと、エントランスに向かった。

「あれ？　祭壇とか組まないんですか？」

ふたりを交互に見くらべた。有馬氏は手ぶら、門田はたしかに大きなリュックを背負っているものの、祭壇や祭具が入っているようには見えなかった。

「じゃから、まずは現地調査だというたろうに」

私の疑問に突っ込みが入る。

「でしたね」

私は肩をすくめると、ふたりについていく。

今日は現地調査だけということを忘れていたわけではない。門田のリュックが不自然に歪な形をしていたから確認したのだ。おそらく、あの中には大麻が入っているはず。

久賀谷晴輝の部屋まで行けば、自ずとわかるだろうが、はやる気持ちが私にそうさせたのだった。

「ごめん」

「お邪魔します」

有馬氏がインターフォンを押すと、エントランスホールのコントロールパネルに久賀谷晴輝が応答した。彼はすぐに自分が頼んだ祓い屋だと理解し、エントランスにある自動ドアを遠隔で開けてくれた。

我々はエレベーターに乗り込むと、彼の住む最上階へと向かった。エレベーターの扉が開くと、長い廊下の先に、すでに玄関扉を開けて待ち構えている久賀谷晴輝の姿があった。

各々、挨拶を交わし、部屋に入れてもらう。

「さて、今宵の目的じゃが……」

リビングで我々はソファに座り横並びになった。対する久賀谷晴輝は、三人の真ん中に座る有馬氏の正面に座っている。

有馬氏が会話を切り出すと、久賀谷晴輝が前のめりになった。それだけ、期待しているということだろうか。

「ぐるりと部屋を見せてはくれんか？　まず、はっきりと申しておくが、今夜は祓えん」

軽く手を上げ、久賀谷晴輝に掌を見せる有馬氏。

「え？　どうしてですか？」

当然、そう思うだろう。

「あー、それは、じゃな……」

ここで門田が口を開いた。

「現段階では祓う相手がどのようなものかわかっていないのです。簡単な話です、グーを出せばチョキには勝てますがパーには負けます。勝つか負けるか、手を出してみるまでわかりません。ですが、相手がパーを出すと最初からわかっていればチョキを出すだけです」

なるほど、わかりやすい。門田は体格がよいだけではなく、このような説明もできる。

私は少し、彼への評価を改めた。

「じゃから、何者がいるか確かめるため、すべての部屋を見せとくれ」

と、有馬氏が続く。

久賀谷晴輝は、少し考える振りをした。聞いた話では、早くこの問題を解決したいと思っているはず。彼は、どうにか今夜お祓いをさせる術はないかと思案しているのだろう。

「うーん、わかりました、いいでしょう。でも、もしすぐに対処法がわかったら今夜にでもお祓いしてくださいね」

困った笑顔で希望を伝えてくる久賀谷晴輝は、そうとうに焦っていると思われた。

バスルームとトイレ、子ども部屋になる予定の部屋、そして寝室を経由して、リビングダイニングキッチンに戻ってきた。

「それで……何か、わかりましたか？」

鬚を撫でつけ続ける有馬氏に、久賀谷晴輝はおずおずと問いかけた。

「そうじゃなぁ……」

「先生、すみません」

有馬氏が口を開きかけたとき、門田が何やら耳打ちをした。いったい何を話しているのか、私や久賀谷晴輝の耳にその声は届いていなかった。

「部屋のことはだいたいわかった。あと、訊きたいのはじゃな、ほかの宮司たちのことじゃ」

「ほかの宮司たち？」

鸚鵡返しに久賀谷晴輝は聞き返した。

「そうじゃ。まず、彼らが大麻を扱ったとき、不自然な動きはせなんだか？　そして、それはどこで起きたことかの？」

その言葉ではっとした顔になった久賀谷晴輝は、何度も小さく頷きながら、話し出した。

「そういえば、来ていただいたどちらの宮司さんも、途中で大麻を振るのを一度やめて、大麻を確認していました。たしか……両方とも、このリビングでしたね」

「なるほどのぅ」

有馬氏はその話を聞いて満足したのか、ひとり納得し目を細め、何度も鬚を撫でつけた。

「それにふたり目の宮司さんは、『大麻に気をつけろ』と、次に来る宮司に伝えろともいっていました」

久賀谷晴輝が我々の顔を順番に見回しながら、続けた。

「ほう？」

「ずいぶんとレベルが高い方が来ていたのですね」

有馬氏と門田が目を見開いて驚いた。

「そうなんですか？」

私は横のふたりに目をやると、どうレベルが高いのか説明を促した。

「ひとり目の宮司は大麻に異常がある、ということまでは理解できたが、それが何かわからずに流すだけじゃった。だが、ふたり目の宮司は大麻に何か危険があると見抜いたということじゃよ。見習いは死んでしもうたが、そこだけは評価できるな」

私には有馬氏のいうことがよくわからなかった。そのピンときていない私の表情を見て有馬氏は腰を上げた。

「どれ、実演してみせようかの。門田、あれを」

「はい、先生」

門田がリュックから出したのは、睨んだとおり大麻であった。有馬氏は門田から渡されたそれを手にすると、ほかの三人を後ろに立たせた。そしてリビングに立ち、キッチンを背にして大麻を振り始めたのだ。

同時に、祝詞を奏上する。

だが、一分も経たずして、彼は動きを止め、我々に振り返った。

「どうじゃ？　わかったかの？」

「なるほど！」

理解したのは門田だけであった。私と久賀谷晴輝は置いてけぼりにされ、顔を見合わせた。

「あ、あの、どういうことですか？　全然わからないのですが」

「なんじゃ、気がつかんかったのか？　もう一度やるから、大麻をようく観察してみるがよかろう」

有馬氏はそういうと、先ほどとまったく同じように大麻を振って見せた。

と、そのときだ。

揺れ動く紙垂の隙間と目が合ったのだ。

いや、正確には、隙間の先にいる女と目が合ったのだ。

紙垂の長さから、作られた隙間はせいぜい人の顔くらいの空間で、そこにだけ女の顔がこちらを窺っているようだった。

その目は生前の明るさを失い闇そのもの。皮膚は蒼白で、ところどころ血が滲んでいるように見えた。それは、直感的に飛び込み自殺をしたと聞かされていた水嶋莉乃ではないかと感じた。

ただ、不思議なのは、紙垂の隙間など三センチすらないのに、どうして顔全体が見えたと思えたのか。それは、有馬氏が大麻を左右に振るたびにできる隙間を何度も見るうちに気づかされた。

女そのものが極々薄い存在であるということを。

再び有馬氏が動きを止め振り返る。

「どうじゃ？」

「隙間女の亜種……ですかね」

私は、怪談蒐集家としての経験と知識から、中らずと雖も遠からずといった妖怪の名を口にした。

「おそらく正解でしょう」

直後、門田がそれを是とする。

「どうやら、おぬしにも理解できたようじゃな?」

そういって有馬氏は、頭を抱え蹲っている久賀谷晴輝の近くにしゃがみ込んだ。

久賀谷晴輝は何度も頷いた。その顔はあの女と同じように蒼白であった。

「まぁ、おぬしの命を取ろうという女じゃが、やりようはある。祓うことはできるが、どうするかの? じゃが、奥さんにすべてを話し、今の幸せを手放せば彼女の溜飲は下がり、あるいは引き下がってくれるかもしれんぞ」

「どうしますかね、彼」

明日の朝までにどうするか決めて連絡を寄越せと久賀谷晴輝に伝え、部屋から出た我々は、彼の住むマンションを見上げながら話しをしていた。

「さあのう。おそらく、前ふたりの宮司たちには、水嶋莉乃の存在は伏せて相談していたに違いない。そうでなければ、少なくとも、ふたり目の宮司は具体的に何が危険か感じ取ったはずじゃ。ならば秘密裏に……」

「祓うほうに賭けます」

冗談なのか本気なのか、門田がリュックから財布を取り出した。

「いやいや、それは不謹慎じゃよ、門田や」

有馬氏が苦笑する。

「すみません。冗談が過ぎました。それにしても、隙間女の亜種とは言い得て妙でした」

門田は私に笑ってみせた。

隙間女。

都市伝説の一種で、江戸時代に民間伝承として広まっていたという説がある。もちろん、諸説あるのだが、共通して語られるのは数センチしかない隙間から此方をじっと窺っていて、見る者を驚かすこと。

「あれだけ狭いところから覗かれちゃ、ね」

私は門田に笑って返すと、彼は財布をリュックに戻し一礼した。

「では自分、こっちなんで」

「あ！　ちょ、ちょっと！」

帰ろうとする門田を私は、呼び止めた。

「なんでしょう？」

門田は歩き出すのをやめ、私に向き直った。

「いえね、ふたり目の宮司さんの助手さんって、亡くなっているじゃないですか。その……」

私はそこまで話を切り出して、そのまま話を続けるか一瞬、躊躇した。

「あぁ！　自分が死ぬかもしれないと、心配してくれているのですね？」

正解。

私は頷いた。

「いや、それはどうじゃろう？」

有馬氏が鬚を撫でつけながら口を挟む。

「というと？」

私は、有馬氏に理由を問うた。

「あれがまこと水嶋莉乃の怨霊なら、間違いなく久賀谷晴輝を殺すはずじゃ。それなのに、ふたり目の宮司の助手を殺した。いや、水嶋莉乃の怨霊のせいかどうかはわからん、わからんが、そうだと仮定して、助手を殺す理由は何じゃ？」

たしかにそのとおりだ。水嶋莉乃の怨霊がやったとして、なぜその矛先がお祓いに来ただけの、それも手伝いに来ただけの助手に向くのか。

「自分、わかりました。無差別、ですね？」

答えに至らない私をよそに、門田は手を上げて答えた。

「そうじゃ、怨霊になって理性を失っておるんじゃろう。怒りで我を忘れる、よくあることじゃ」

「え？　じゃあ、あのとき、私も危なかったってことですか!?」

一気に青くなった私は有馬氏に向けて声が大きく

なった。

「そうじゃ。じゃから、久賀谷晴輝が祓うことを選択したら、万全の態勢で臨まんとな」

私は、足が震えていることに気がつき、何もいえなくなってしまった。

「じゃあ、結論も出たし、自分、こっちなんで」

門田の台詞を最後に、その場は解散となった。


私はその日、真夜中に帰宅した。

書斎の椅子に座りノートパソコンの電源を入れる。今日あったことを書き留めておこうとしたのだ。なにせ、そもそも取材なのだから。ＯＳが立ち上がり、ＰＩＮを入力してデスクトップ画面を表示させた。

と、ここで、ひとつの疑問が湧いた。

この怪異の原因は、水嶋莉乃の怨霊ではないかと推測された。

これは有馬氏から聞いた久賀谷晴輝の話から十分に有り得ると思われた。一連の現象はそれで説明できたとしても、水嶋莉乃はなぜ、大麻の紙垂の隙間からしかその存在を検知できないのか。

寝室に姿を現したと久賀谷晴輝は証言しているが、それなら普通に現れればいい。

大麻の紙垂の隙間から覗くという、回りくどいことをするのはいったいどうしてなのだろうか。

もしかすると、それは明日にでも解き明かされることなのかもしれない。

私はそれを期待して、仕事を進めることにした。


翌朝、有馬氏からの電話で叩き起こされた。

久賀谷晴輝からお祓いの依頼があったからだ。決行するのは今夜。昨日と同じ場所、同じ時間に集まることとなった。

かくして、久賀谷晴輝は最後まで自己中心的なお祓いの道を選んだのである。


中野駅で降り昨日と同じ道筋を辿る。私は昨日と同じ場所に立つと、ふたりが乗るタクシーが来るのを待った。

その場に着いたのはワンボックスカーだった。てっきりタクシーで来ると思い込んでいた。

「今回はこれを使うのじゃ」

有馬氏は助手席から車を降りると、先に降りてバックドアを開けている門田を指さしていった。

それは竹だった。

忌竹と呼ばれるもので、本来は不浄を防ぐためのものとされている。また、不浄を封じ込める役割も果たすといわれている。

「あれからいろいろと考えたんじゃが、大麻の紙垂の隙間になぜあの女が潜んでいるか、皆目見当がつかなんだ。とりあえずは忌竹でリビングとキッチンの四方を囲み、大麻を振って女が確認できたら、忌竹に封じる、という作戦じゃやな」

いいながら、有馬氏はマンションに入っていこうとした。

「え？　手ぶらなんですか？」

「そうじゃ。車の駐車は門田に任せるし、竹もエレベーターには入らんじゃろ。門田に外階段を上って持ってこさせる予定じゃ」

ひどいなこの人。私は少しだけ、門田に同情した。

昨日と同じように部屋に招き入れられた我々は、さっそく久賀谷晴輝に状況と作戦を説明すると、設営に取り掛かった。

といっても、主に門田が準備するので、ほかの三人はリビングのソファに座り、彼の準備が終わるのを静かに待っていた。

「あの……本当に大丈夫なんでしょうか？」

無言の時間に耐えかねたのか、久賀谷晴輝は有馬氏に不安をぶつけた。

「嘘をいってもしょうがない。正直、わからん。今までも、ほかの祓いでもそうじゃったのじゃが、やってみなけりゃわからんのじゃよ。いわば、内科の処方箋と一緒じゃな。薬を飲ませてみては反応や結果を窺い、次はより効果が期待できそうな処方に変える。フリーのお祓いなんぞ、そんなものじゃよ」

「できました」

私がそんなものですかね、と聞き返そうとした矢先、門田がぬっと顔を出して、作業が完了したことを報告した。

「とにかく、わしは占い師ではないが、当たるも八卦当たらぬも八卦、というやつじゃな。ほれ、さっそく始めるぞ」

有馬氏の言葉に全員が立ち上がり、昨日と同じような立ち位置に移動した。

有馬氏は門田から大麻を渡されると、キッチンに向かって大麻を振り始めた。

右に左にと大麻が振られていく。

ほかの三人は昨日同様、有馬氏の後ろで大麻を凝視することとなった。

どれくらいの時間が経ったのか、今回は女は現れなかった。

「遅いですね。昨日は一分もかからなかったのに」

私が小声で門田に聞くと、彼もまた不思議だったようでこくりと頷いた。

有馬氏の額にうっすらと汗が滲み始めたときだった。久賀谷晴輝のスマートフォンがけたたましく鳴り出したのだ。

全員の視線が久賀谷晴輝に集中した。彼が画面を確認すると、そこには美穂と表示されていた。仕事の同僚や友人からだというなら、すぐにでも切らせた。しかし、怪異に巻き込まれたひとり、美穂からの連絡である。

有馬氏が顎で出ろと指示を出す。

久賀谷晴輝は小刻みに頷き、震える手で応答ボタンを押した。

「あなた！ 助けて！ 詩織が！ 詩織が大変な

の！」

　スピーカーにせずとも周囲に十分聞こえる絶叫が全員の耳に届いた。

「ど、どうした？　何があった？」

　慌てて問い返す久賀谷晴輝であったが、その声は明らかに動揺している。

「寝室！　寝室に居たあの女が詩織を攫って消えてしまったの！」

　全員が顔を見合わせ、次の瞬間には弾けるように走り出した。


　門田が素早くマンションの前にワンボックスカーをまわすと、全員が車に乗り込んだ。

　乱暴な急発進とともに、車内は大きく揺れ、後部座席にいる久賀谷晴輝と私は前の座席に掴まった。

「なんで莉乃の霊は美穂の実家に現れたんですかね？　だって、莉乃の霊は、マンションの部屋と晴輝さんに憑いているって話だったじゃないですか」

　私は至極当然の疑問を全員に投げかけた。

「おぬし、奥さんに会いにいったな？」

　有馬氏が久賀谷晴輝に問うた。

　久賀谷晴輝は、その問いに答えた。

「はい。そのとおりです。昨晩、みなさんが帰られたあと、タクシーで美穂に会いにいきました」

「なぜ、そんなことを？」

　運転席の門田が、ルームミラー越しに問いかけてきた。

「だって……」

　久賀谷晴輝に注目が集まる。

「最初は美穂にすべてを話そうと向かったんです。俺だって良心の呵責に苛まれることくらいあります。莉乃には、ずっと悪いことをしたと後悔していました。だから、すべて話して、謝って、一からやり直そうと考えていたんです。楽になりたいって気持ちもありましたが、それだってほんの少しです」

　いつの間にか、久賀谷晴輝は涙を流していた。

誰も口を挟めなかった。

「でも……でも……詩織の寝顔を見たら、その決心が揺らいだんです。俺は適当に理由をつけて、会うだけ会って、マンションに帰りました」

誰も異を唱えることはできなかった。出会いはどうあれ、愛する妻に、娘に会いたいと思う気持ちは痛いほどわかった。

「連れていってしもうたんじゃなぁ……」

有馬氏は後ろに流れる商店街の灯りを見ながら、誰にいうわけでもなくつぶやいた。

「ちょっと待ってください。じゃあ、どうするんですか？」

美穂の実家近くのコインパーキングにワンボックスカーを停め、降りたところで、晴輝がほかの三人の背中に疑問をぶつけた。

その声に三人が振り返ると、晴輝はまったくわからないといった表情を浮かべていた。

「急いできたから、あの竹はマンションのリビングに置いたままですよね？」

晴輝は、たぶん自分のマンションの方向を指さして有馬氏に問いただした。

「お……おぉ、そうじゃったな」

数秒、反応が遅れて有馬氏が同意する。なんとなく、すっかり竹のことなど忘れていたという感じだ。

「どうするんですか？」

私が素朴に問う。

「そうじゃなあ……」

「先生、いいですか？」

珍しく言い淀む有馬氏に対し、また何やら門田が耳打ちをした。

「おぉ、そうじゃな。そうしよう」

何をいわれたのか、有馬氏が門田の意見に賛同すると、門田は車のラゲッジから一枚の札を取り出してきた。

「なんですか？　それ」

私は札を指さして門田に聞いてみた。

「霊符じゃよ」

門田の代わりに有馬氏が短く答える。

「霊符？」

晴輝が繰り返す。

「霊験あらたかな護符のことじゃや。これに封じるつもりじゃや。ただ、先もいうたように、何が効くか効かないかはやってみんとわからん。それこそ失敗するかもしれんし、そうでないかもしれん」

「ぶっつけ本番ってことですか」

少し呆れて突っ込みを入れた。

「そうじゃや。もうあれこれ議論している時間はないぞ。ほれ、はよう行け」

「わかりました。こっちです」

有馬氏に急かされて、晴輝は混乱しながらも美穂の実家へと案内するのだった。

美穂の実家は洋風の一軒家だった。

駐車場には車が一台駐車してあり、その横には家族の誰かが使うであろう自転車が停めてある。

二階に目を移すと、出窓がひとつ。そこにはドライフラワーが飾られていて、女性の部屋ではないかと推測させた。

四人はインターフォンを鳴らさず、いきなり扉を叩いて中の反応を窺った。

すると、すぐに泣き腫らした目の美穂が中から飛び出し、晴輝に抱きついた。

「あなた！　詩織が！」

「あぁ、それは聞いたよ。でも、もう大丈夫だよ。ちゃんとしたお祓いのプロを連れてきたからね」

美穂を安心させる意図があるのはわかるが、効くかはわからないというさっきの会話を忘れてしまったのかと、有馬氏は眉を寄せた。

「でも、目の前で消えちゃって！」

「いやいや、急ぐ気持ちはわかるが焦るでない。ここでも同じことじゃや。原理はわからんが、大麻を振ってみようかの。もしかしたら、女の姿が見られるかもしれん」

慌てふためく美穂をなだめ、有馬氏は勝手に家へと上がっていった。


五人はリビングに来ていた。美穂の両親には寝室に下がってもらっていた。

皆が見守る中、さっそく有馬氏は、門田から大麻を受け取ると大仰に振ってみせた。

「あ……」

誰がその感嘆を漏らしたかわからなかった。

しばらくすると、莉乃が紙垂の間からこちらを覗いているのが誰の目にもわかった。

有馬氏の後ろに控えた全員が、目玉だけで紙垂の間にいる莉乃を捉えていた。

紙垂の隙間が一層広くなる瞬間があった。

と、そのとき、隙間から莉乃がずずずっと頭から蛇のように這い出てきた。

そして、音もなくすっと有馬氏の横に並び立つと、こちらを睨みつけてきた。

その両腕には詩織が抱かれている。

晴輝と美穂が同時に叫んだ。

「詩織!」

いうやいなや、晴輝は莉乃に飛び掛かり、詩織を強引に奪い返そうとした。どうにか詩織を莉乃から離そうとするがびくともしない。晴輝の額に滝のような汗が流れた。

「何をするんじゃ! そんなんやったら、お前自身、どうなるかわからんで!」

晴輝に体当たりされる格好となった有馬氏はたまらずに大麻を手放して横倒しになった。

「何やってるんですか!」

門田は晴輝の上半身に後ろから覆いかぶさる格好で抱きつき、莉乃と引き離そうと渾身の力を込めて晴輝を引くがぴくりとも動かない。

いや、晴輝自体は数センチは身体を反らせることはできるのだが、その先の莉乃がまったく動かないのだ。巨木か巨岩か、それを無理やり移動させようとしている絵が門田の脳裏に浮かぶ。

と、そのとき、莉乃が薄く笑ったかのように見えた。晴輝はそれに気がついていない。

同時に莉乃の背中からドス黒い煙のようなものがゆっくりと晴輝と門田に向かって伸びてきた。煙はだんだんと形を形成しつつある。

それは、無数の腕であった。

「く、久賀谷さん！　離してください！　無理です！　かなうような相手じゃありません！」

門田は煙に気づき晴輝に叫ぶが、彼の耳には届いていないのか娘を離そうとしなかった。

「離せ！　離すんじゃ！」

有馬氏は立ち上がる時間すら惜しそうに、倒れたままの態勢で晴輝を説得する。

しかし、晴輝は誰の声にも反応しない。娘を抱きしめよう、引き離そうと集中し過ぎていて、ほかのことに反応できないでいた。

瞬間。

黒煙の腕が門田の肩を掴んだ。

「おわっ！」

掴まれた感触が気持ち悪いのか、門田が短い悲鳴を上げた。それを合図に、無数の腕が門田と晴輝へ一斉に襲い掛かる。

二本、三本、四本。

腕は門田の脚や、晴輝のうなじ、わき腹に掴みかかっていく。それらが、ふたりを覆っていく。

ついに、黒煙の腕がふたりを覆い尽くし、踝から下しか見えなくなってしまった。

――そのとき。

「うおおお！」

晴輝は気合いを込めた絶叫と同時に後ろに飛び退いた。晴輝と門田はそのまま反動で後ろに倒れていったが、晴輝の胸には詩織がしっかりと抱きかかえられていた。

「詩織！」

同時に美穂が詩織に駆け寄った。

美穂は詩織に抱きつき泣きじゃくり、有馬氏と私はその場にへたり込み、門田は立ち尽くしていた。

誰もしゃべろうとはしなかった。

莉乃はいつの間にか消えてしまっていて、先ほどまでの騒ぎが嘘のようだった。

晴輝だけが、恐怖の反動からかいつまでも半笑いで笑っていた。


それから有馬氏は護符を何枚も大麻に貼ってみたり、何度も大麻を振ってみたりと、どうにか莉乃そのものを祓えないかと、様々なことを試していた。だが、莉乃の存在を消し去ることはできなかった。

やがて三時間もすると、手は尽きたのか、無言で外へと出ていってしまった。

私は有馬氏を追いかけて美穂の実家の前に出た。

美穂の実家の外壁にもたれかかった有馬氏が、ぼんやりと立っていた。

「駄目じゃな。持ってきた物や、知っていることは全部試した。じゃが、祓うことはできなんだ」

それは自分自身に言い訳をしているように聞こえた。

「結局、紙垂の隙間って何だったんですかね」

「わからん。あんなの初めての経験じゃや。じゃが、大麻だって祭りの道具じゃや。不可解なことが起きたとして何ら不思議ではないわ」

有馬氏は不機嫌なのか、吐き捨てるようにいった。

「莉乃の目的は何だったんでしょうか？　なぜ晴輝から詩織に標的が変わったんでしょうか？」

最終的な取材のまとめのため、矢継ぎ早に疑問点を有馬氏にぶつけてみる。

「どっちもわからん。直接、莉乃に聞いたわけでもなし。奥さんと赤ん坊にも害する気持ちがあれば、再び彼女らを狙って出てくることも否定はできん」

有馬氏は何を訊いても答えることなく黙ってしま

った。

「とにかく、門田とふたりで、わしが散らかしてしもうた道具やらなんやら、片付けてきてくれ。わしは車で待っとるのでな」

これ以上の質問は時間の無駄かな、と考え始めたとき、有馬氏はそう言い残すとワンボックスカーを停めたコインパーキングに向かって歩いていってしまった。


片付けが終わったのはそれから一時間くらい経ってのことだった。

憔悴した美穂さんに声をかけると、詩織ちゃんを抱いたまま、「夫と話し合ってみます」と言葉を絞り出した。彼女の表情はどこかすっきりしていた。

もしかすると、彼女は久賀谷晴輝が隠したかったことをすべて知っていたのかもしれない。水嶋莉乃が生前、芳賀美穂と会っていないという証拠はどこにもないのだから。


晴輝も妻同様に疲れ果て、顔は見るからにやつれていたが、玄関で我々に深々と頭を下げ、礼をいって見送ってくれた。

門田と私はワンボックスカーに戻り、有馬氏と合流した。

そして、今、解散のときとなったのだ。

門田は有馬氏を事務所まで送ったあと、私を自宅まで送り届けると申し出てくれた。

かなりの疲労感を覚えていた私は、その提案に二つ返事で乗った。

「じゃ、またの」

雑居ビルの一階入り口で軽く手を振ると、有馬氏はビルの中へと消えていった。

「じゃ、いきましょうか」

「……………」

門田は車を発進させた。

「…………」

車内に沈黙が流れた。

私はそれに耐えきれず、無理に話題をふった。

「そういえば、有馬さんって関西方面の人だったんですね」

「え？」

「あぁ、たぶんそうじゃないかなって話なんですがね」

「それってどういう……？」

「あぁ、たしか、久賀谷晴輝が水嶋莉乃に向かっていったときに、あの人、関西弁っていうんですかね、そんな感じのイントネーションというか言い回しが自然と口を突いて出たんですよ。人間、必死になったときって素が出るっていうから、あれが本当の有馬さんなのかな、と」

「あー……なるほど、バレちゃいましたか」

「じゃあ、やっぱり？」

「いえいえ、あの人のこと、よく知らないもので」

「あ、やっぱり門田さんはお弟子さんじゃなくて、アルバイトの方なんですか？」

「いえ、どうなんでしょうかね」

門田は明言を避け、言葉を濁した。

「…………」

「…………」

車内に再び沈黙が流れた。

「着きましたよ。今回もお疲れ様でした」

「門田さんも疲れているのに、お心遣い、ありがとうございます」

「いえいえ。あぁ、そうだ。先生にはもう当分会えないかもしれないので、忘れてやってください」

「え？　それってどういう意味ですか？」

「それじゃ」

「ちょ、ちょっと！」

そういって、門田は車で走り去ってしまった。

私は自宅の書斎に座っていた。

いつものように、ノートパソコンに電源を入れる。本来ならOSにログインするところだが、そこで手が止まった。

あのとき。

門田は何といったのか。

――バレちゃいましたか。

バレた？

彼は何がバレたのだと思ったのだろうか。

その直前、私は何といった？

――あれが本当の有馬さんなのかな。

聞きようによっては、『本当の有馬と、偽の有馬がいることに気がついた』と取れなくもない。

そこで、私の思考は有馬氏と初めて会ったときに遡った。

そして、事件のひとつひとつを怪異中心ではなく、有馬氏を中心にして思い返してみた。

今回の久賀谷晴輝の件で、有馬氏は二度、門田に耳打ちをされている。他の事件ではそんなことは一度もなかったはずだ。

あれが門田からのアドバイスだとしたら……。

今回の有馬氏は、他の事件の有馬氏にくらべて祓い屋として知識や経験が足りなかったということではないか？

しかし、何度も会っているのに、顔の違いに気がつかないなんて有り得るだろうか？

整形？　老人にか？

いや、待て……。

脳裏にふたつ、疑問が浮かんだ。

ひとつ。真っ昼間、本当に明るい場所で有馬氏と対面したことは何回あっただろう。だいたい、祓うタイミングというのは夜で、事件の最初に会うときはいつも薄暗い事務所のような場所ではなかっただろうか。私はまともに彼の顔をこの目で見たことはないのかもしれない。

いや、人は他人の顔を覚えるとき、先にその人の特徴に目がいってしまう、という現象があると聞いたことがある。

有馬氏はいつも袴を着ていた。袴という特徴が彼を彼だと認識させていたのだ。

ふたつ。裏部と私は一度でも有馬氏の容姿について話したことがあっただろうか。

バリ島の一件はさすがに本人だとして、その彼を見た裏部は彼の外見について何もいっていなかった。いや、共通の知人の外見なんか話題に出すか？ 裏部は事件が終わったあと、少し観光を楽しんだといっていた。

土産はもらったが、土産話では普通、観光の記念に撮った写真を見せたりするものではないだろうか。仮に裏部もまた有馬氏に実は深く関わりのある者だとしたらどうだろう？ それとも、裏部は多少の違いなどわからないほど、彼の顔を認識していないくらい、いい加減な奴だということか？ 裏部のことだ。エンターテイナーとして明らかに話しを盛っている節があるから実状はわからない。


ここまで考えて、もうひとつ疑問が残る。

知識不足、経験不足な人間が有馬氏を演じていたとしても有馬氏は有馬氏だ。

そのフリーの祓い屋に二度もアドバイスできる門田とはいったい何者なのか。

あるいは、門田こそ有馬……？

いや、その線は薄い。

なぜなら、だとすると、助手こそ常にあの門田であるべきだからだ。

結局、確かなことは、怪異があったということだけだった。

現実的には無いとされる怪異だけが確かなことと は皮肉なものだ。

すべてを明らかにするには、もう一度、彼らに会わなければならない。

だが、こちらから連絡手段のない私には、どうやら待つことしかできないようだ。

あとがき

『隠れ祓い師　有馬一の怪奇譚』をお読みいただき、ありがとうございます。

有馬さんとは『神職怪談』の取材時に知り合い、お話を提供してもらった。祓い屋という珍しい職業に興味を持った私は、さらに取材させてほしいとお願いし、その結果できあがったのが本書である。

そもそも、オムニバス形式の怪談本からスピンオフが出ること自体が希少中の希少。長く怪談作家をやらせてもらっているが、何千と怪談本があるなかで、思い当たるのはほかにひとつくらいしかない。

私が思うに、続編やスピンオフが出ないことには、ふたつ、理由がある。

ひとつは、話の体験者と連絡が続かないことだ。私のように旅先で仲よくなった人から体験談を聞くタイプの場合、最初の一回、二回のやり取りは体験談を教えてくれたり、それに対する疑問に答えてくれたりするのだが、ひとつの話の取材が終わるとだいたい次の連絡が取れなくなる。家族、親戚、友達ならそうしたことは起きないのだが、旅先で築いた縁は一時的なつながりに過ぎない、といったところだろう。

もうひとつは、話の提供者が複数の体験をしていないことだ。作中で、「誰しも一度くらいは、不思議な体験や説明のつかない場面に遭遇している」と書いたが、裏を返せば、二度も三度も奇妙な体験をする人は極めて少ないということ。仮に居たとしても、原稿に載せるほど興味深い怪異はひとつくらいで、ほかはイマイチだったりする。

つまり、そのような理由でスピンオフというか、ひとりの人物に焦点を当てた怪談本というのは、どうしても連続した取材に結びつかないがゆえに、書店でお目にかかることはない。

しかしながら、『神職怪談』で取材に応じてくれた有馬さんは、自ら怪異を祓うことを専門としていて、当然、何度も怪異を目の当たりにしているという点で非常によい取材対象になってくれた。

この取材を最初に打診したときは、それはそれは厭そうな顔で拒絶されたものだが、裏部くんの援護射撃もあって、最終的には快くいろいろと話を聞かせてくれた。

さて、今回は比較的新鮮な話を書くことができた。

いつもなら、「今から十年ほど前の話だ」とか「昭和から平成に変わるころの話だ」などと、古めの短い話がぽつぽつと混じるのだが、本作はほぼ最近の話である。

なので、残念ながら、話を聞いた人、話を読んだ人に、「障り」があるかどうかわかっていない。なぜ、このようなことを気にするかというと、『神職怪談』には「障る」話がいくつか含まれており、私をはじめ関係者によくないことが起きたからだ。

私は今回の取材でいくつかの祓いに立ち会ったが、取材の後は悪夢に悩まされたり、身内に不幸があったりと、私自身によからぬことが立て続けに起きている。不幸中の幸いで、まだ自分が怪我を負ったり、病に倒れたりしていないことだけが救いだ。

そういえば、裏部くんには何か障りがあったのだろうかと電話をしてみたところ、やはり身内に不幸があったといっていた。本人にも何かなかったのか突っ込んで訊くと、実はあるのだが、いいたくないと言葉を濁していた。他人にはいえない障りとは何だろうかと少し思案したが、具体的なものが浮かばなかったので、それ以上会話することなく通話を切った。

だが、スマホの画面をオフにしたところで、そういえば彼は今、増え過ぎてしまった呪物を置く一軒家を探している最中で、安くてよい物件はないかと相談を受けていたことを思い出した。お祓いに立ち会って障る云々よりも、呪物のほうが問題ではないかと思ったが、本人だって好きでやっていることなので指摘するのはやめておいた。

気になったので有馬さんに本書の原稿をチェックしてもらう途中、「障りそうな話ってありますか」と訊いてみたところ、そういうのは長い時間のなかでわかることであって、すぐさま因果関係があるかのように騒ぐ必要はない、と窘められてしまった。

そういえば、取材の終盤に、「けっこう大祓詞が使われるのですね」と率直な感想を伝えたところ、「説明しても伝えにくい祓い方や、理解できない祓い方、どの文献にも出てこないオリジナルの祓い方などを本に書いても誰にも理解できない。だったら大祓詞をたくさん見せて、それを書いてもらったほうがよい。意味不明な祓いを書かせたら、実話怪談を掲げている正木さんが識者に叩かれるだけ」と忠告を受けたのが印象深かった。

最後に、この作品の制作に携わってくれた皆さんへ心から感謝の意を表させてほしい。

まずは裏部くん。彼の好奇心の強さと、熱心な助力がなければ、そもそもこの本は成立しなかった。原稿が書き終わった後でも、あの神社には出る噂があるから一緒に行かないかと誘ってくるその姿勢は、怪談蒐集家として頭の下がる思いだ。心から感謝している。

また、お祓いの所作の考証や、神職の文化に関して相談に乗ってくれた元神職の麻呂くんにも感謝の意を述べたい。やはり彼のような経験者の助言がなければ、いくつかの話は書けなかっただろう。

そして、最終的な文章のクオリティを高めるために協力してくれた編集さんにも深く感謝をしている。

本当にありがとうございました。


世の中には、聞いたことも見たこともない職業が存在している。祓い屋は普段の生活では絶対に関われないものである。それを怪談という手段でお伝えできたなら嬉しく思う。

正木信太郎

正木信太郎（まさき・しんたろう）

昭和49年生。怪談作家、怪談師。怪談イベント「寄り道怪談」主宰、座談会イベント「雲隠れ怪談会」主宰。主な著書に『神職怪談』『宿にまつわる怪異譚』（イカロス出版）、『異職怪談～特殊職業人が遭遇した26の怪異～』（彩図社）、『岩手の怖い話―坊やがいざなう死出の旅―』（TOブックス）。また、映像作品として『怪奇蒐集者 正木信太郎』（楽創舎）がある

協力
麻呂、裏部

デザイン［カバー＆本文］
村上千津子

隠れ祓い師　有馬一の怪奇譚

2023年7月20日初版発行

著者 ―――― 正木信太郎

発行人 ――― 山手章弘

発行所 ――― イカロス出版株式会社
〒101-0051
東京都千代田区神田神保町 1-105

電話 ―――― 03-6837-4661（出版営業部）

印刷・製本所― 図書印刷